常读·人物志

沉重与狂飙

◆ 陆新之 主编

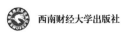
西南财经大学出版社

"常读"系列编委会（名单以姓氏笔画为序）

你一定很少看书了，因为累；杂志也懒得看了，因为忙。

但你依然在看和读：早起的枕畔，卫生间里面，午饭后的瞌睡间歇，临睡前的挣扎，你牢牢抓着手机。

我们不能给你阅读的理由，但我们知道，有些内容可以让你的朋友圈更优雅。

我们不能拼接你碎片化的时间，但我们相信，有些阅读可以让你放慢脚步，哪怕只是假装。

目录

上篇　沉重的民族企业家

个体的微观命运总是嵌入时代中，无法左右潮流的走向，但历史的每一个细微的变化，却能清晰直观地从个体的喜怒哀乐甚至生与死上反映出来。

卢作孚：一代船王之殇

文/吴比　郭亮

1952年，没有什么比"三反""五反"运动更让人刻骨铭心。

其年1月1日，毛泽东在元旦团拜会上号召，"全体人民和一切工作人员一致起来，大张旗鼓地，雷厉风行地，开展一个大规模的反对贪污、反对浪费、反对官僚主义的斗争，将这些旧社会遗留下来的污毒洗干净！"1951年底发起的"三反"运动在这年掀起高潮。

这一年，共有900万人参加了"三反""五反"运动，不法资本家受到打击。可过于猛烈的运动，让一些优秀的民族资本家也蒙受牵连。

在开展"三反""五反"运动的同时，中共中央内部开始了整肃运动。1952年2月3日，中共中央发出《关于"三反"运动应和整党运动结合的指示》，要求对党员进行登记、审查和处理；坚决清除贪污腐化分子。同月10日，公审贪污腐化分子刘青山、张子善的大会在保定举行，河北省高等人民法院依法判处两犯死刑，立即执行。临刑前，记者的相机对准张子善时，后者说："唉，照吧，照个相吧，最后一张了，让后人受受教育！"

这是一个粗线条的年代，人们大多沉溺于对重大事件的描述，但一些细微的变革和变化尤其是经济方面的，虽然微小却值得记载。尽管政治运动一刻不停，社会主义建设还是取得了相当令人瞩目的成就：荆江分洪工程完工，蓄水量达60亿立方米；黄河下游兴建了新中国成立后的第一条水渠——人民胜利渠；成渝铁路通车，天兰铁路通车；土地改革如火如荼；莫斯科经济会议后，英国48家集团突破"中国禁运"，到中国访问，打开了中国闭关贸易的一条门缝；泸州老窖跻身中国最古老的四大名白酒之列，宜宾五粮液酒厂则恢复了五粮液的生产；远东集团领航人徐有庠投资设立1万锭纱厂，创办了远东纺织公司……

这一年，中国国民总收入是日本的1.4倍。不过，从当年起，日本经济恢复到战前最高水平，随后进入前所未有的经济高速增长期，并一直持续到20世纪70年代。其间出现过三个超高速阶段，即"神武景气""岩户景气""伊弉诺景气"。日本很快将中国远远地抛在身后，而后者将花几十年的时间苦苦追赶。

当理想无法照进现实，有人选择忍辱负重，有人选择"宁为玉碎，不为瓦全"。

1952年，新中国的序曲刚刚奏响，很多商人欣喜良好的经商环境即将建立，跃跃欲试。然而，就在这一年，近乎完人的中国船王卢作孚因被扣上"莫须有"的罪名而含冤自杀。

近乎完人的中国船王

个体的微观命运总是嵌入时代中，无法左右潮流的走向，但历史的每一个细微的变化，却能清晰直观地从个体的喜怒哀乐甚至生与死上反映出来。

1952年，中国进入和平年代。前无古人的各项建设事业在尝试着进行，因缺乏经验难免犯错，甚至出现了有些"左"、有些右的做法，但每个人都对时代的剧变欢呼雀跃。毕竟，一个旧的时代结束了。然而，新时代曙光乍现，卢作孚就选择用大量的安眠药结束了自己的生命。当时新华社内参报道时，在卢自杀消息上，加了"畏罪"两字。

在毛泽东的"四个不能忘的实业家"中，他是"运输航运业不能忘了的卢作孚"；中共中央称赞他"为人民做过许多好事，党和人民是不会忘记的"；晏阳初称其为完人；敢和毛泽东唱反调的梁漱溟认为他"庶几乎可比于古之贤哲"；在美国杂志《亚洲与美国》的文章中，他是一个没有受过学校教育的学者，一个没有现代个人享受要求的现代企业家，一个没有钱的大亨。这位只有小学文化的商人，大办船运，连军阀都对他礼让三分，成为难以撼动的船王；抗日战争期间，他一个人和一支船队，在宜昌上演了轰动一时的中国式"敦刻尔克"大撤退，让国脉得以延续；一角试验田——北碚，成为他浪漫主义的最好栖息地……就是这样一位近乎完人的人，倒在了盛世即将来临前的黎明。

卢作孚曾说："要鼓起勇气，坚定信心。凡白种人做得来的，黄种人都做得来；凡日本人做得来的，中国人都做得来。只要学会了他们的技术和管理，便会做出他们的事业。"

他一生有很多理想和抱负——长江变通衢，中国的船队遍布世界各地的海洋……如今这些蓝图正一张一张实现，他却因为一时饱受侮辱而失去了继续生活下去的勇气。国难当头时，他都能忍受屈辱，负重前行，竭力在中国这块贫瘠的土地上追逐理想与梦想。新中国来临了，他竟然变得如此脆弱不堪。

如果不了解卢作孚几十年的人生经历，我们就难以理解为什么他要如此仓促地结束自己的生命。其实，他表现出来的永远都是一个不打折扣的理想主义践行家，竭力在黑暗中寻找理想与现实之间的平衡。一旦他认为理想受到玷污，他就再没有活下去的理由。在他看来，中国近百年来频频受挫，根源在于中国近几千年的封建宗法关系。受这种封建宗法关系的束缚，人们的社会生活是为了家庭、族人、邻里和朋友，而不是事业、区域和国家。所以，中国必须建立新的社会关系才有希望。卢作孚之子卢国维这样总结他的父亲：用一句话总括——培养建设的力量，边破坏边建设，破坏也是为了建设，是为了更好地建设。

民族航运的标杆

1893年，卢作孚出生于四川省合川县（现属重庆）。当时，正值晚清末年，也是中国近代史上最悲哀、最黑暗、最动荡、最复杂的时期。各种矛盾异常尖锐，国人的尊严与自信在入侵者面前不堪一击。后来一批立志实业报国的民族资本家大多出生于这个年代。跨越了两个世纪的这一群人所具备的民族感使他们较之常人，更有忧患意识且报国心切。

卢作孚面容消瘦。植物学家胡先骕描述他眼中的卢作孚。"虽不到40岁，看上去貌若五旬，须鬓苍白。一经接触，就能感受到理想家气质，目光冥然而远，声音清而尖锐，办事的热忱，舍己为人的精神，处处都像个宗教改革家。"卢作孚一生命运多舛。他家庭贫困，靠卖合川特产桃片筹措学费。他仅读了6年小学，以后的学识靠在社会这所大学中获得，所以自嘲为"小学博士"。他做过报社记者、主编，加入过同盟会、少年中国学会，辛亥革命和五四运动他也参与其中。

1924年，在军阀杨森的邀请下，卢作孚在成都开办民众通俗教育馆。仅一年时间，他就把一座混乱不堪的公园建设成了拥有较为完善的现代文化娱乐设施的公共文化场所。但是，连续的军阀混战让卢作孚认识到，依靠军阀进行社会变革显然行不通，在纷乱的军阀政治面前，教育救国的理想只是对牛弹琴。

与其在军阀的政治角逐中为理想寻找寄居的夹缝，不如自己为理想培育温床，卢作孚逐渐从社会变革转向实业。正如他所说，这是一个粗线条的年代，人们大多沉溺于对重大事件的描述，但一些细微的变革和变化尤其是经济方面的，虽然微小却值得记载。

"办实业，等于是在办教育，要把事业当中全部工作人员培养起来，提高他们的技术和管理的能力。"民生公司和北碚试验区，是卢作孚以建立新的集团生活为中心的社会变革的主要代表。无论是民生公司还是北碚试验区，卢作孚都在不遗余力地以一己之力量渗入社会腠理，治疗中国的落后顽疾。

1925年，卢作孚和友人黄云龙创立了民生实业股份有限公司，取名"民生"意为立足民生、报效祖国。此时创业并非天时地利人和都具备。卢作孚个人没有资本，东拼西凑了5万元钱。从行业背景上看，川江航运也不是黄金时代。事实上，"选择着手事业为航业，正是扬子江上游一般航业十分消沉，任何公司都无法撑持"。从外部条件来看，没有任何理由需要开办一家新的轮船公司，却有一堆不开办的理由。但是，卢作孚破釜沉舟地开始了创业。

1926年6月，民生第一条船"民生号"进入川江航道，船上人员一共有45人，卢作孚出任总经理，月薪为30元，协理月薪15元，其他人员为10元。民生开业那天起，卢作孚就约法三章：废除买办制，实行经理负责制；完善旅客服务工作；禁止船工向旅客索取小费。同时，民生也有了卢作孚构思的广告画——"民生号"徜徉于长江三峡的激流中，远处是闪闪发光的峨眉山金顶。重庆、上海、广州、大连甚至东南亚国家和日本的人们都看到了这张朝气蓬勃的广告画。

当时，正值外国船只横行川江。日本及美国轮船公司，凭着强大实力，企图独霸川江。由于竞争惨烈，华轮公司濒临破产。在这种形势下，卢作孚与地方军阀曾经的关系起了微妙且关键的作用：地方当局明令轮船进出港口，须得向川江航务管理处结关，从而迫使日美公司接受海关检查，开创了外国轮船接受中国地方政府检查的先例，并废除了甲级船员必须用外国人的陈规，要求外国轮船冲翻中国木船必须赔偿损失。

结果显而易见，名不见经传的民生公司一年下来股东竟分到25%的红利。民生公司先后购买"新民号"和"发家船"两艘船，采用"三条轮船，两条航线"方针，来回穿梭于合川、重庆和涪陵三地。可即使如此，民生仍难以在业界形成气候，卢作孚救国的抱负更无从谈起。于是，他决定吞并小企业逐步做大，化零为整，实现以小搏大。只要愿意出售的轮船，他来者不拒，照单全收；愿意与民生合作的企业，不管资产是否优质，民生都愿意帮他们还清债务，若有结余则作为股本入股民生。

今天看来，卢作孚迅速在航运市场抢占制高点，及之后创造的神话都是高风险的资本游戏。民生的扩张可谓疯狂和不计后果。仅1931年，就有7家轮船公司并入，总吨位飙升到1 500吨。1932年，一家英国轮船公司也被民生吞并。越来越多的船运公司插上民生旗号，四川境内所有通航的河流都能坐到民生的船，航线延长到5 000多里。日美公司由盈转亏，见事不妙，亦悄悄退出川江。

多年夙愿，卢作孚终于实现——成为中国船王，不断切割外国轮船原先抢占的水上"蛋糕"。军阀杨森对卢作孚说："假若来生投世，我一定拜你为师。"

无度扩张的反例

任何行业有新秀异军突起，无一例外会遭到竞争者封杀。民生公司的崛起速度令外国人瞠目结舌。他们不允许让一条"中国船"称霸川江航线，于是通过大幅降低运价等不正当竞争手段排挤、扼杀民生。曾有人预言，1935年必有两家轮船公司倒下，其中一家就是民生。而事实上，这一年的民生以更快的速度冲刺，而这么快的速度竟是在违背市场规律的前提下实现的。

把民生的扩张史复制到今天，恐怕100个民生也会成为明日黄花。改革开放后，无度扩张往往是一味毒药。诸多倒下的企业，大多是因为盲目扩张患了不治之症。说到底，企业扩张是砸钱、烧钱的买卖，也是一场高风险的豪赌。扩张有道，或许能气冲云霄；扩张无度，则血本无归。无度扩张让无数企业掉入黑洞。摊开的馅饼下面，很多时候是深深的陷阱。

德隆唐万新，一个与卢作孚一样对扩张情有独钟的理想主义者。为了缔造"唐氏帝国"，他频繁"扩张！扩张！扩张！"，涉足多个行业，构建了庞大的德隆系，以至于远远超出了唐万新能控制的范围。同样为构建企业帝国而跑马圈地，身处恶劣政治经济环境中的卢作孚竟然成功，而在和平年代的唐万新输得血本无归。

卢作孚违背商业规则的跳跃式成长，今天的企业家（无论他多么优秀）难以复制。最主要的原因在于，与今天相比，前者生存的宏观环境与文化氛围大相径庭。卢作孚生活的年代，恰是中国在政治、经济、外交上尊严尽失的年代，外国列强的船只在川江耀武扬威，中国人民早就不甘受辱，爱国主义热情空前高涨。

20世纪30年代，民族主义与爱国主义往往比市场规律更起作用。受两大主义驱使，任何一个本土企业只要打着"爱国"的旗号，且该公司提供的产品和服务不是一无是处，消费者一般都会一呼百应。特殊背景下，决定商业运作的不是规则，而是爱国主义和民族主义这两张通行证。卢作孚提出"中国人不搭外国船，不装外国货"的口号得到广大民众支持。民生实施吞并时，目标就是"联合国轮，一致对外，避实就虚，各个击破"。

爱国色彩浓厚的口号使得一些优秀的轮船公司愿意"下嫁"给实力并不强大的民生公司。外国的货轮上，提货单和航程簿用外文，大多数乘客看不懂。卢作孚不仅把提货单、航程簿改成中文，轮船上的甲级船员也禁止让外国人担任。乘外国人的船，中国人都会觉得不舒服，好像这是"外国人的天下"。乘中国人的船则心生骄傲，著名女学者陈衡哲在《川行琐记》里写道："我们坐在里面，都感到一种自尊的舒适——这是一艘完全由中国人自己经营的船呀。"民族主义和爱国主义，为民生公司招徕了无数消费者，外国公司望尘莫及。

而在商业环境不断改善的今天，更加合理的商业规则与市场规律才是决定企业生死的风向标。商海航行，没有不带伤的。太想让企业枝繁叶茂甚至独木成林，把企业看成一个筐，什么赚钱就把什么往里装，却忽略了企业的根还不够深、不够壮，最终只能造就一个流沙帝国。违背成长的规律，必然会受到盲目扩张的惩罚。

另一方面，民族主义和爱国主义只是为民生公司招徕顾客提供了可能，而卢作孚在服务和制度方面的创新，则将这种可能变成了现实。有人这样说，治理公司与其学盖茨，不如学卢作孚。有效的管理是企业的生命，而有效的管理者是赋予企业生命、给企业注入活力的要素。没有管理者的有效领导，生产资源之间的整合往往就会一团糟，难以转化为产品。管理者的素质与高绩效是企业不可或缺的。

在企业管理上，卢作孚一改传统的"三包制"，实施"四统制"。公司所有事务不是由船老大说了算，船上工作人员由公司统一任用，财务由公司统一管理，燃料由公司统一发送，驾驶由船长统一管理。卢作孚是民生最宝贵的资源，他行之有效的管理，在某种程度上使公司避免了扩张过度带来的后遗症。

在服务上，卢作孚制定了完整的规章制度，仅考核成绩表就多达27种，颁布了"经理须知""船长须知""驾驶员须知""轮机须知""理货须知""茶房须知""水手须知"等公司条例，以提高公司服务质量。在民生公司，人人都是服务员，连卢作孚都亲自为客人倒茶送水。一位在外地求学的四川学生这样描述民生公司：

"民生公司的轮船票价不高，学生有折扣，伙食有五样菜。船员、茶房对人礼貌，行李安全，设备好，夏天还可以洗澡。没有阶级之分，通舱客可以到官舱去玩……雪白的床单、枕头，井井有条的茶壶、茶杯，整洁安静的船舱，处处都让人惊讶。在这里只要不出房门，不走下去，就仍和太平年月的出门旅行差不多。"

卢作孚的不断并购，让民生成为航运帝国，但加盟的企业良莠不齐，民生公司很有可能成为一盘散沙。但出人意料，民生没有被盲目扩张搞得焦头烂额，其根源在于，卢作孚从创业伊始就夯实了公司文化——民生精神。他认为，民生精神才是民生公司的灵魂，"大至一个民族要有民族魂，小至一个公司要有公司魂，一桩事业要有事业精神。要做到这些，必须每个人都要有一种精神，一种气魄。只要每个人都具有这种精神，那公司、事业、民族也就具有这种精神。"

特殊的国情、有效的管理及凝聚力强的企业文化，支撑着卢作孚的民生迅速扩张。今天，特殊的国情不复存在，改革开放30多年，因盲目扩张而失败的企业可以列出一份长长的名单。中国的商人们可以继承卢作孚精神，却不能复制他的成长方式。这也是卢作孚留给我们的商业思想遗产。

中国式"敦刻尔克"的导演者

第二次世界大战炮火纷飞，部队撤退的战例也有很多。与大多数撤退由军人指挥相异，中国的一位实业家也曾指挥过号称"东方敦刻尔克"的大撤退。此次规模浩大的撤退，甚至改变了此后国家的走向。

卢作孚是幸运的，并不是人人都像他那样有以个人行为扭转民族命运的机会，即使他富可敌国。

1937年，抗日战争全面爆发。北平、天津陷落，淞沪败退，南京沦陷，武汉失守，中国军队节节败退，民族存亡到了最危险的时刻。卢作孚临危受命，担任交通部常务次长及水陆运输委员会主任。卢作孚之子卢国纪写道，"国难当头的这一年，民生公司放弃了当年最后5个月里绝大部分的商业运输机会，将上万吨重的重要机器和军械物资从长江下游的上海、南京运到武汉，再运往宜昌；而运费，只有平时的一半。"

大批难民在等待过江。等船7天的叶圣陶赋诗"种种方音如鼎沸，俱言上水苦无船"。好不容易买上甲板铺位的老舍描述过江之难，"仿佛全宜昌的人都上了船似的，不要说甲板上，连烟囱上面还有几十个难童呢。开饭，昼夜的开饭。茶役端着饭穿梭似的走"。从上海、南京、武汉撤退的大量工业物资也滞留在宜昌江畔。

卢作孚认为，包括枪支弹药在内的工业物资是国家仅存的元气，决不能落到日本人手里。此时日军已向宜昌步步逼近，更让人心急如焚。川江快到枯水期，大轮船航行的时间只有40天，而按民生的运力，这些物资需运送一年时间。卢作孚在民生公司召开通宵会议，决定采取三段航行法，除极其重要而且卸载困难的设备直接运输到重庆，其他物资都在三峡或万县卸载，以后再转运。并决定白天航行，夜间装卸，不放过一分一秒运输物资的时间，争取最大当理想无法照进现实，有人选择忍辱负重，有人选择"宁为玉碎，不为瓦全"。

限度地发挥公司的运输能力。

在《一桩惨淡经营的事业》中，卢作孚这样描述他们浩浩荡荡的"敦刻尔克"大撤退：

每晨宜昌总得开出五只、六只、七只轮船，下午总得有几只轮船回来，当着轮船刚要抵达码头的时候，舱口盖子早已揭开，窗门早已拉开，起重机的长臂早已举起，两岸的器材早已装在驳船上，拖头已靠近驳船。轮船刚抛了锚，驳船即已被拖到轮船边，开始紧张地装货了。两岸照耀着下货的灯光，船上照耀着装货的灯光，彻底映在江上。岸上每数人或数十人一队，抬着沉重的机器，不断歌唱，拖头往来的汽笛，不断地鸣叫，轮船上的起重机不断地呼号，配合成了一支极其悲壮的交响曲，写出了中国人团结起来反抗敌人的力量。

在日本战机的狂轰滥炸下，经过20多艘轮船、850多只木船不停地在川江穿梭，到宜昌沦陷前，民生共运送人员150余万人，货物100余万吨。宜昌大撤退成功完成，为中国抗战保存了实力。民生"这一年，上前线去了，没有做生意"，为此他们付出了沉重的代价：人员牺牲117人，伤残76人。

宜昌大撤退后，民生继续承担抢运物资的任务，先后从湘桂兵工厂和宜昌抢运了5 000吨和1.6万吨器材。如果没有民生危难时刻的大抢运，中国长江上游的大后方不可能有大量的钢铁厂、兵工厂和纺织厂迅速投入生产。没有军事物资，中国军队赤手空拳，拿什么抵抗日本的侵略？

一个人、一支船队创造了世界战争史上的奇迹，这一方面源于卢作孚个人的爱国情操，另一方面源于其自始至终在民生灌输的民生精神。

重庆北碚的乡村建设活动

卢作孚从来就不希望自己只是一个商人，他更想做社会改革家，从商只是实现其抱负的一个手段。重庆北碚的乡村建设活动，成为他生命中最重要的一项事业。

出任峡防局局长后，卢作孚进行了以北碚为中心的乡村建设实验。北碚具备内地乡土社会特征，"第一是赌博，赌博愈多愈大便愈有希望。第二便是庙子，唱戏，酬客，一年大闹一两个月，是他们的面子。你要在场上去办一桩什么建设事业，绝对找不出一文钱来。他们却每天可以有千块钱以上的输赢，每年有万块钱以上的戏钱、席钱开支。"很多乡绅和军阀都愿为卢作孚投资。当地有名的温泉公园就是卢作孚从当地军阀拉的投资，给他们的回报是在公园里立一大块石碑，上面镌刻着募捐启事，川系军阀首脑刘湘、杨森、邓锡侯、刘文辉、田颂尧等赫然在列。

由于融资有方，北碚先后有了三峡织染厂、北川铁路、天府煤矿，这些成为卢作孚乡村建设最有力的经济支撑，乡村实验获得了长久的生命力。在雄厚的经济支持下，实验地修起公园、图书馆、体育场、科学院、博物馆和医院，大力提倡文化教育。短短几年，北碚有了脱胎换骨的变化，由赌博成风、盗匪出没、落后贫困的僻壤变成初步现代化的城镇。抗战期间，北碚成为远近闻名的文化城，复旦大学、中央大学迁到此地，教育学家晏阳初、陶行知、梁漱溟到此处继续开展事业。北碚成为旧中国乡村建设的"桃花源"。

清教徒之死

很多人都把卢作孚称为清教徒——为而不有，公而忘私。

卢作孚为国家积累了大量社会财富，自己和家人却过着清贫的生活。卢作孚一家从来没有属于自己的房屋和土地，住房都是租或向民生公司借的；他们吃饭也很简单，困难时期吃饱都很困难；卢作孚在民生公司的工资也不高，他兼任几十家企业董事长所得收入，也全被用于公益事业；卢作孚不愿当官，形势所迫他曾任交通部次长等职，一旦任务完成，便立刻辞官。任职期间，他也不领全国粮食管理局的工资。像这样的人，在以反贪污为目标的运动中，怎么会被牵扯其中？局势的发展，总是出人意料。

在《工作的报酬》一文中，卢作孚写道，"最好的报酬是求仁得仁——建筑一个美好的公园，便报酬你一个美好的公园；建设一个完整的国家，便报酬你一个完整的国家。这是何等伟大而且可靠的报酬。它可以安慰你的灵魂，它可以沉溺你的终身，它可以感动无数人心，它可以变更一个社会，乃至于社会的风气。"然而，命运给了卢作孚不公平的待遇。他渴求"求仁得仁"，被一再邀请下自香港归来，并让公司海外18艘商船陆续返回内地后，却因遭受冤屈自杀。

想当初，卢作孚回归内地时，何等意气风发。他两次受到毛泽东的接见，多次与周恩来、朱德、陈云等中央领导见面。在与国家领导人的畅谈中，他对新中国的建设充满期望。风光无限之后，政治运动初露端倪。"镇反"运动中，民生大批重要干部先后遭拘捕和镇压，公司上下人人自危。卢作孚更陷入了一张精心编织的弥天大网。在巨大压力下，他被迫"资遣"公司元老邓华益。

1952年1月，全国开展"五反"运动，民生实施"民主改革"，很多董事、中高层管理人员难逃干系。与此同时，民生财务千疮百孔，公司面临上万员工发不出工资的困境，时恰逢旗下"民铎"轮触礁沉没，更是雪上加霜。

事实上，民生公司财务危机始于新中国成立之前。宜昌大撤退后，民生仍然不断扩张，卢作孚同时担任几十个企业的董事长或董事。美国航运业巨头凯赛尔在重庆航业协会演讲时感慨，"世界上有史以来航运事业的发展均由海洋而江河，由下游而上游，唯独民生公司是由江河的支流发轫，由上游而下游，这真是一个奇迹。"卢作孚创造了奇迹，同时带来了"树大招风"的危机。孔祥熙、宋子文一直对民生念念不忘，但无果而终，可卢作孚因此遭受报复。他在加拿大贷款购船时，宋子文对借款担保百般托词推脱。内战时，军差频繁，通货膨胀严重，导致民生摇摇欲坠。同时，无度扩张的后遗症在危机中显现，卢作孚早年的管理形同虚设，人心不稳，之前凝聚人气的"民生精神"沦落为一纸空文。

忧心如焚的卢作孚第一次求助北京，中央决定破例提供旧人民币1 000亿元（合今1 000万元）的贷款，指示西南军政委员会转告。卢逝世前两天，北京来电确认此事，可获知消息的民生副总经理童少生却未告之卢作孚。卢死前下午，共事多年的两人同坐办公室里，童没有说一句话。直至卢作孚逝世后，童少生一拍脑袋说："把这事忘记了。"一句轻描淡写的话，阴阳两隔的不堪局面。

作家赵晓铃在《卢作孚最后的日子》一文中披露：2月6日上午，民生资方代理人学习小组会上，卢作孚首次当众检讨，当场落泪。两天后上午，民生召开"五反"动员大会，公股代表张祥麟做检查，大意是与卢作孚北京出差时，一起吃饭、洗澡和看戏。此时，卢作孚的通讯员关怀突然揭发，暗指张祥麟受了卢作孚"糖衣炮弹"的腐蚀和拉拢。关怀原为民生一轮船上的年轻服务员，卢作孚离港返京前调他担任通讯员，让他住自己家里，抽出时间亲自教其文化，对其仁至义尽。2月8日大会前几天，关怀忽然搬出卢家。

会后，卢作孚把关怀叫到办公室，当着民生公司高层，劝其发言要负责任，夸大事实、无中生有的话不要乱说。后者并不接受劝告，且有恃无恐。据卢氏后人说：卢作孚一生光明磊落，洁身自好。他自然难以理解用私人工资招待同事这样的正常交往怎么成了腐蚀干部，他以心交之的工作人员怎么会忘恩负义。他视人格尊严为生命，现在受到无端的侮蔑和侵犯，对他无疑是极大的刺激。当晚卢作孚便服药自杀，并用钢笔在一张毛边信纸上给妻子留下遗嘱：

一、借用民生公司家具，送还民生公司。

二、民生公司股票交给国家。

三、今后生活依靠儿女。

四、西南军政委员会证章送还军政委员会。

晚8时，卢家人发现卢作孚自杀，他的夫人蒙淑仪向民生求救，童少生、张祥麟依次赶来，目睹了卢的死亡。令人不解的是：卢家仅离仁济医院200米，3个多小时内，两位公司实权人物竟未将卢作孚送到医院抢救。

卢作孚死后，民生立即转入"清反"。襄理及大船船长以上的骨干几乎全部入狱，两人被杀。面对员工的自发悼念，组织上提出要"彻底摧毁卢作孚思想的统治"。

官方《关于卢自杀的报告》及内参报道更对卢作孚泼尽脏水。同年9月，民生公私合营，成为毛泽东褒扬的样板。

一场中国商业史的悲剧

仓促地结束了自己的生命，是卢作孚太脆弱，还是他已经感觉他表现出来的永远都是一个不打折扣的理想主义践行家，竭力在黑暗中寻找理想与现实之间的平衡。

到中国"山雨欲来风满楼"？

　　卢作孚死后，重庆市工商联副主任委员李仲平一语惊人，认为其"死得其时"。后人很难假设，如其不死，他的人生将走出什么样的轨迹。不过，可以确定的是，心高气傲的卢作孚注定经受不住无数次的人民"革命"。显然，运动刚刚掀起风浪，他的生命就难以承受其重。

　　在他死后的18年，在邓小平和胡耀邦多次关心下，中共四川省委经过半年多调查，对卢作孚平生功绩作了如下结论：他热爱祖国，拥护人民政府，拥护共产党的领导，曾从香港组织一些轮船回来参加祖国建设，对恢复和发展内河航运事业作出了有益的贡献。为人民做过许多好事，党和人民不会忘记。

　　这是一个惜字如金的结论，低调得有点惨不忍睹。为何连些许廉价的赞美都不愿给这么一位在抗战中倾尽所有、保存国脉的民族企业家？

　　费正清在《剑桥中国史》中写道，"中国这部历史长剧的发展中，中国商人阶层，没有占据显要的位置，它只是一个配角——也许有几句台词——听命于帝王、官僚、外交官、将军、宣传家和党魁的摆布。"一直以来，商人的地位卑微而受歧视。

在人们眼中，商人的角色往往缺位，他们创造财富却被称作牟取暴利，他们贪婪且见利忘义，他们活该被勒索，他们的价值轻易地被一笔带过。

在1948年9月的政治局会议上，毛泽东明确提出：全国政权到手以后，中国内部的主要矛盾就是无产阶级和资产阶级的矛盾了。政治运动愈演愈烈，民族资本家产生了强烈的负罪感。客观地说，中央政府实施"三反""五反"运动的目的在于打击民族资本家中的不良分子。但政策一提出，人们便争先恐后地充当政策的执行者，处心积虑地寻找着运动的目标，一旦揪出就是"杀无赦"。连卢作孚最信任的通讯员都第一个跳了出来，要问卢作孚的罪。追根溯源，还是中国人轻商心理在作祟。

企业家被妖魔化和边缘化的文化基因，影响着社会对企业家的认知以及企业家对自己的认知——他们是被长期蔑视的买卖阶层。卢作孚只是受迫害的民族资本家的缩影。很多民族资本家在数次政治运动和社会改造中失去了财富甚至生命。人们对"问罪"资本家这样的运动乐此不疲，并没有想到他们扼杀了一代中国企业家，导致中国企业家出现断层，造成中国经济不可挽回的损失。

新中国成立60多年，中国企业家经历了半个多世纪的锤炼。在与外国资本角力中杀出一条血路来的第二代企业家，不仅学养、素质堪称精英，就是经营方式都中西贯通，令人叹为观止。可惜的是，这代人在新中国成立之后，基本上都湮没在了浩瀚的人民运动之中。过急、过快的改造，使他们心有不甘地退出了商业舞台，几乎消失殆尽。多年后，当中国人终于意识到市场经济的价值与意义时，这代人大多已人去灯熄，健在的也垂垂老矣。中国商业界不得不从零开始，重新培育自己的企业家。当第三代、第四代成长起来时，人们又发现：跟当年企业家大多出身书香门第或胸怀大志不同，新生代的企业家鱼龙混杂，就是其中最突出的人物，某些作为也常令人叹息。

在新中国成立60多年、改革开放30多年后的今天，贫富分化加剧了人们对企业家的偏见。不少人如猎狗般躲在黑暗中，嗅着企业家或其领衔企业危机的味道。一有涟漪，这些猎狗就如同哥伦布发现新大陆，急不可耐地把导火索点燃，媒体、公众质疑的目光接踵而来，对手、仇家也落井下石。富豪榜是最好的例子，它把不少幕后企业家拉到前台，原罪、现罪接踵而来，榜单成了不祥之兆。

商之大者，为国为民。对于卢作孚，如果"为国为民"得不到认同，就不仅仅是遗憾。卢作孚谢世前，除了遗嘱，还说了一句话，"我累了，我要休息。"为民生公司困境所累，为莫须有的罪名所累，他再也找不到活下去的理由。战火连绵的时代，他以种种抗争的方式坚韧地活下来；但一切百废待兴时，他却不明不白地倒了下去……

所幸，卢作孚死后若干年，时间已为他正名。然而，斯人已逝，以卢作孚为代表的这一代民族资本家也随之彻底消失。以此肇始，私人资本于中国的经济舞台暂时消失，28年之后它才重新出现；而"企业家"在传媒上的公开"复活"，则需要等到1987年。

1999年，卢作孚和其妻子的骨灰一起合葬在重庆北碚公园的"作孚园"内，从此长眠于他亲手创建的乡村建设实验区——北碚。漫长的岁月过去了，北碚的变化日新月异，国家的发展更是一日千里，卢作孚为之奋斗一生的建设现代化强国的民族梦想在一步步地实现。如果卢作孚地下有知，或许会为此感到欣慰。

"对于轻金钱，重义务，诚信果毅，疾恶好善，爱乡爱国诸点，尤所服膺向往，而自愧未能达其一，深愿与国人共勉之也。"这是陈嘉庚的遗憾。但也有人说，他前无古人后无来者地以商人的身份成就了很多政治家们终生都无法达成的梦想。

陈嘉庚："第一公民"的激荡人生

文/吴比　郭亮

　　1949年开国大典上，陈嘉庚骄傲地以民族资本家和归国华侨的身份站在天安门城楼上。

　　毛泽东"华侨旗帜，民族光辉"的中肯评价，将陈嘉庚推向了命运的顶峰，人生在瞬间定格。

　　1890年，被迫开放的口岸及物质文明的发展不断冲击着中国的思想和文化。只是，西方新式观念在中国传统面前仍然势单力薄。

　　而此时，外面世界的精彩与日新月异已远远超出国人的想象。欧美正在崛起，日本也迅速实现西化。只有那些有机会走出去的人们才能知道，领先全球数千年的中国，衰退得竟是如此厉害。

读过几年私塾的陈嘉庚，"应父亲要求到新加坡帮助打理生意。新加坡经商多年的陈父已拥有30余万资产，经营米店、菠萝罐头厂、菠萝园和房地产。可由于染上洋烟，企业人心涣散，陈家呈江河日下之势"①。

来到新加坡，陈嘉庚先在米店协助族叔管理。后族叔返乡探亲，他代理经理，两年间米店获利丰厚。1904年，30岁的陈嘉庚葬母守孝3年后重返新加坡，彼时陈家的生意已难以为继，最后不得不宣布破产，背了一身债务。陈嘉庚感慨万千，"家君一生数十年艰难辛苦，而结果竟遭此不幸，余是以抱恨无穷，立志不计久暂，力能做到者，决代还清，以免遗憾。"

新加坡法律并不要求父债子还，陈嘉庚还是坚持承担父亲的债务——为孝才能立信。债权人为其诚信打动，纷纷资助他重操旧业。陈嘉庚筹集到7 000多元（新加坡币），创设罐头厂，名"新利川"。产品定位上，新利川独辟蹊径，生产工艺难度大、利润丰厚的杂装产品，迅速在市场上占有一席之地；生产经营中，当日采购、当日生产、当日核算，避免了混乱和浪费。

一年下来，新利川赢利6万元。陈嘉庚再接再厉，一举购买500英亩（1英亩=4 046.864 798平方米）闲置土地，种植菠萝——该菠萝园成为当地最大的菠萝园——以争取到产业链上游的控制权。他根本不满足于新加坡这块弹丸之地。偶然的机会，他发现曼谷北柳港盛产菠萝，新利川的触角很快就延伸到该地。除了罐头产业，陈嘉庚还重操父亲旧业，从事米店经营，熟米生意做得风生水起。同时，他一掷千金，尝试橡胶种植。经过多次失败和不懈努力，橡胶园终于为陈家带来大量利润。几年时间，陈嘉庚不仅偿清父亲所有债务，更拥有四家菠萝厂、两家米厂、两处橡胶园，在新加坡商圈小有名气。

1914年，第一次世界大战爆发，陈嘉庚迎来了新的发展机遇。一战导致运输困难，船只紧张扼住了商人的咽喉，陈嘉庚同样饱受其苦——米业需借助海洋运输。然而，与其他商人看着货物堆积而无所作为不一样，陈嘉庚开始兼营运输业务，4年收入高达160万元。直到1918年，两艘轮船被德国舰艇击沉，陈家的运输事业才被迫中断。

陈嘉庚经商早期，为了在短时间获得利润，哪里财源茂盛，触角就伸向哪里，只要有利可获，来者不拒。企业步入发展期后，他砍掉了一些仅能在短期获利而缺乏潜力的产业。他逐渐退出罐头厂，把主要精力用于拓展橡胶业。一战结束，他已拥有3个面积达5 000英亩的橡胶园和3家橡胶厂，总资产达400万元。

资本择利而居，任何利润洼地都能吸引大批资本蜂拥而至。橡胶业的高利润使竞争变得更加激烈，同行之间甚至开始贴身肉搏。为争取更大的生存空间，陈嘉庚进行了大刀阔斧的变革：打通整个产业链，控制橡胶业上游供应及中间加工阶段，同时跻身产业链低端，开办橡胶品制造厂，生产车胎、卫生用品和日用品。陈嘉庚胶品厂的"钟牌"平等黄底胶鞋甚至得到了文学家鲁迅的喜爱。为提升行业话语权，他低价买进9家处于停工或半停工状态的胶厂，将橡胶园面积增加到1.5万英亩，以此避免在原料供应上受制于人。经过变革，陈嘉庚公司橡胶事业的利润一路飙升，1925年利润近800万元，总资产增值4倍，营业范围遍及五大洲，雇佣职工达3万余人。陈嘉庚在华人界的名望如日中天。

资本择利而居，任何利润洼地都能吸引大批资本蜂拥而至。

风雨飘摇中的陨落

然而，陈嘉庚自己也没想到，1925年的鼎盛竟是昙花一现。

衰落似乎成了这一阶段南洋华侨的整体商业困境。1923年，南洋兄弟烟草公司的传奇元老简照南与世长辞。此后，南洋兄弟的业绩直线下滑。到1928年大萧条开始的时候，南洋兄弟累计亏损了500余万元，经过几次艰难的产业中兴，年度利润依旧没能超过60万元，而这个数字甚至比不上鼎盛时期的一个零头。日军占领东三省以后，日本烟草迅速覆盖东北和华北市场，南洋烟草在国势衰微中难以为继。

就在简家逐渐失势的时候，同样身处南洋的陈嘉庚也告别了短暂的辉煌时光。一战后，西方大财团盯上了橡胶制品，争先投资橡胶厂。行业内恶性竞争导致橡胶制品泛滥。日本也通过税收优惠和出口补贴等国策降低橡胶制品成本，新马市场生胶价格大跌。陈嘉庚的公司腹背受敌，不得不在各财团夹缝中艰难求生，仅仅一年便由盈转亏，损失30余万元。

济南惨案发生，陈嘉庚牵头筹款救济受难同胞，创办《南洋商报》呼吁抵制日货。事隔多年，今日的"抵制"某国货品似乎已经跟不上全球化浪潮的涨落了，但在当时资本渗透的初级阶段，"抵制日货，购买国货"却是中外商战的一个颇为有效的营销策略。为报复陈嘉庚，日商用了很多令人不齿的手段，他们放火烧毁了陈家最大的胶品厂。当时，陈嘉庚在大陆的办学事业越做越大，为保证经费充裕，他不得不卖掉公司股份和橡胶园。随后爆发的资本主义经济危机，则成为压在元气大伤的陈嘉庚身上的最后一根致命稻草。连年亏损，连续办学，陈嘉庚累计负债400万元，资不抵债。汇丰银行等8家银行财团强势介入陈氏企业，陈嘉庚大权旁落，每月仅领取5 000元薪水。橡胶大王光环尽散，空留下一声叹息。

历史大背景决定着商业的命脉。

这一时期，西方列强如狼似虎，正在合伙吞并世界。南洋各国沦为殖民地，在商业上为列强提供商品市场、原料产地和投资场所。南洋各国均被纳入了资本主义的经济体系。

在靠拳头和国力说话的全球语境中，中国商人只能看西方财团的脸色过日子，市场规则形同虚设，垄断成风。这时，一个商人能否成就卓越不在于他是否深谙市场规律，懂得经商之道，而取决于他所依仗的国家，其拳头是否足够硬。只有暴力潜规则，没有市场明规则。若干年后，当有人向陈嘉庚请教企业经营之道时，他的回答简单且心酸："要有祖国做靠山，要有经济和政治的眼光。"

不管如何，陈嘉庚能于恶劣的经济、政治环境下，曾经站稳脚跟并一度一枝独秀，他的从商智慧可见一斑。正如陈嘉庚自己所说："一种实业的成功，不在初创时拥有雄厚的资金，而在经营得法与否，初创时都是极其渺小，经过长期奋斗，渐渐扩大，终成巨富。"他善于顺势而为，及时捕捉市场赢利点，根据需求不断调整经营方针——从菠萝罐头到橡胶产品再到海外运输，证明了其具备敏锐的市场洞察力并能够摸准世界经济的脉搏。

红色人生

中国处于水深火热之中，同胞遭受疾苦艰辛，自己经营的企业也危如累卵。"覆巢之下，安有完卵"，当商业生涯在种种不可挡因素下戛然而止时，陈嘉庚选择了用半生纾难救国。

1910年，陈嘉庚结识孙中山，加入同盟会，以丰厚的财力支持后者的革命活动。民主的革命尚未争出子丑寅卯，日本侵华战争打乱了中国自身的裂变。陈嘉庚加入了浩浩荡荡的抗日大军中。

济南惨案发生后，应南洋华侨请求，陈嘉庚担任"山东惨祸筹赈会"主席，四处筹款赈灾并发起抵制日货活动；抗日战争爆发，"南洋华侨筹赈祖国难民总会"成立，陈嘉庚任主席。八年抗战中，南侨会募集捐款50亿元（国币）及飞机、汽车等军用物资，成为中国抗日战争坚强的后援。而在1934年，陈嘉庚事业虽逐渐衰退，但他在南洋仍具有很强的号召力和领导力，而且他的族亲、昔日合作伙伴甚至有些伙计成为商界大亨和金融巨擘后，也并没有落井下石，反而给予陈嘉庚经济上与政治上的帮助。

1938年10月，陈嘉庚得知国民党副总裁汪精卫对日本"和平谈话"。他义愤填膺，警告汪精卫须知中华"民气旺盛""决不能亡我！"10月28日，第二次国民参政会议召开，陈嘉庚以参政员身份拍去一封"电报提案"：敌未出国土前，言和即汉奸。邹韬奋如此称赞陈嘉庚这份提案的分量，"这寥寥11个字，却是几万字的提案所不及其分毫，是古今中外最伟大的一个提案"。

1940年3月，陈嘉庚率领"南洋华侨回国慰劳视察团"回国慰劳、考察，希望国共两党以大局为重，不要"鹬蚌相争，渔人得利"。他还冲破重重障碍，与延安有了第一次亲密接触，从此与延安结下不解之缘。杨国桢在《陈嘉庚》中记载了陈嘉庚的四个"惊异"，这四个"惊异"恰恰是陈嘉庚认为"中国希望在延安"的重要原因。

惊异一：

6月1日下午4时，陈嘉庚到杨家岭看毛泽东，毛蓄着长发，衣着朴素，给陈留下了很深的印象。谈话之中，两个华侨学生进来参加座谈，陈见他们无敬礼即坐，毫无拘束，很是惊异。之后，朱德、陈绍禹来访，也非常随便。谈话毕，学生离去，毛和陈在门外共进晚餐，10余人围坐一张旧方桌，一块陈旧的圆桌面摆放在方桌上，四张白纸覆盖在桌面上以代餐巾。开饭之前，一阵风吹来，餐巾也被吹走了。饭菜很简单，唯一的肉菜是一个鸡汤。毛泽东说："我没钱买鸡，这只鸡是邻居大娘知道我有远客，送给我的。"陈非常感动，要知道，他刚刚在重庆享用过孔祥熙80万元的招待。

惊异二：

女子大学的两名华侨女同学应陈嘉庚之约，前往陈嘉庚的住处交谈，天很晚才回去。陈心想两个女孩要走10多里返回学校，很担心，就问她们要不要派个人送一下。女学生都笑了，说："陈先生放心吧，我们一个人走夜路都不怕，两个人就更没问题了。"陈嘉庚十分惊奇，说："想不到，共产党统治的地方，民风这样好。"

惊异三：

6月3日，朱德陪同陈嘉庚一同前去抗大三分校参加欢迎会，并纪念该校成立4周年。抵达三分校时，大会尚未开始，篮球场上正进行篮球比赛，场边呐喊声响成一片。一名学生高喊："总司令来比赛一次！"朱德爽快地把外衣一脱，请他人陪着陈嘉庚，笑呵呵地冲入场内，与抗大学生你争我夺，一连进了4个球。陈嘉庚在场外看得目瞪口呆。

惊异四：

6月4日下午，毛到延安交际处与陈长谈，夜10时左右才结束，刚出了陈的门，又进了住在隔壁的陕西省府科长寿家骏的房间。陈以为毛很快就会出来，就在外边等着送他，等了一会儿，不见毛出来，就回到屋里。过了一会儿出来看看，见毛的警卫还站在门口，连续几次都是如此，他只得回房间休息。第二天才知道毛与寿家骏一直谈到很晚，陈想不到毛泽东作为一党领袖竟与国民党一介科长"长谈若是"。

大义无痕。抗战期间，陈嘉庚把不同背景、不同阶级、不同文化程度、不同方言，甚至不同政治立场的海外华侨团结起来，同仇敌忾。当时全世界华侨约1 000多万，响应陈嘉庚召集的就有七八百万之多，可谓一呼百应。

据《南侨回忆录》记载："1937年至1945年，南洋华侨每月捐

历史大背景决定着商业的命脉。

款1 000万元，将捐款存银行作纸币基金，国内可发行4 000万元纸币。而国民政府军队300个师约300万人，每月食饷军费4 650万元。至于寄回祖国的侨汇，则数量更多，统计共达55亿元。物力方面，海外华侨的贡献也甚为可观。截至1940年10月不完全统计，捐献飞机217架，坦克27辆，救护车1000辆，大米1万包，以及大量药品、雨衣、胶鞋等用品，每月平均100批。"

后来，毛泽东评价陈嘉庚为"华侨旗帜，民族光辉"，周恩来及王若飞则称赞他"为民族解放尽了最大努力，为团结抗战受尽无限苦辛，诽言不能伤，威武不能屈，庆安全健在，再为民请命"。

陈嘉庚毫无保留地支持中国独立与富强，他认为，"我国政治能办好，华侨人人心理上之愉快，比之霎时获资数十万元，当更狂喜。"作为一个因为不公平的商业环境而跌入低谷的商人，他也致力于重建中国融洽的商业秩序。如果"国家政治不良"，那么"回国投资无路，故资本家不论其如何辛苦，积血汗资千百万元，仍与祖国无丝毫利益关系，南洋将资本遗子孙，亦每每不逾一世而亡"。"假如国家政治优良"，则"儿女可受高尚教育，而己身投资祖国，机会尽多，中南航路畅通，故乡侨地，两可为家，随意而适，生前事业开拓，身后子孙贤能，令誉可以永葆"。

理想式的义举

中西教育的差距恰恰是中西贫富差距的根源所在，"英美德法，男女不识字者百人中不满十人，日本新进百人中不满三十人。我中国百人中则占九十六人，呜呼，此人格欲立国于世界而求免天演淘汰，其可得乎？"

近代华侨在家乡捐资办学，大约起源于晚清时期，陈嘉庚即属于其中的先驱人物。

1894年，福建同安县的集美社还是个小村落。这年的除夕，陈嘉庚的长子刚过"满月"，他就对自己年轻的妻子说："我想用积蓄下来的那两千银元办个学塾。"

妻子面露难色，儿子刚刚满月，好不容易积攒下来的钱怎么可以倾囊而出用来办学？最终，陈嘉庚说服了妻子，学塾很快筹建。开馆当天，学塾门前挂上了他早想好的对联——上联：惕厉其躬谦冲其度，斋庄有敬宽裕有容；下联：春发其华秋结其实，行先乎孝艺裕乎文。

1895年夏天，倾尽家财用以办学的陈嘉庚离开故乡，再赴新加坡。日夜如流，此间诸多变故不再复述。1911年，辛亥革命爆发，革命的初步胜利给了陈嘉庚很大鼓舞，他自称"热诚内向，思欲尽国民一分子之天职，愧无其他才能参加政务或公共事业，只有自量绵力，回到家乡集美社创办小学校"。

陈嘉庚早年办学出于慈善，方法尚显稚嫩，而此番回国就是目标鲜明、轻车熟路。客居新加坡多年，陈嘉庚在20世纪初的西方文明中耳濡目染。他组织了一次"市场调查"，通过走访了解到全县

20余万人口只有县立小学学校1所、私立小学学校4所。严峻的教学状况让陈嘉庚决定彻底投身于"教育强国"的个人理想中。在他资助下，集美先后有了师范、中学、水产、航海、商业、农林等校以及幼稚园、医院、图书馆、科学馆、教育推广部。

1919年，五四运动的风潮迅速燃烧起爱国人士心中的熊熊烈火。陈嘉庚在厦门浮屿陈氏宗祠邀请了社会各界的人士，在集会上，他说："今日国势危如累卵，所赖以维持者，唯此方兴之教育与未死之民心耳。若并此而无之，是置国家于度外，而自取灭亡之道也。救亡图存，匹夫有责。以四万万之民族，决无甘居人下之理。今日不达，尚有来日；及身不达，尚有子孙。"这一番"愚公移山"式的宣言表明了陈嘉庚办学的坚定决心，他宣布创办厦门大学，并当场捐出400万元，这400万元是当时陈嘉庚的全部家产。

此后，陈嘉庚继续为兴办教育四处奔走。经过努力，厦门大学最终成为一所拥有文、理、法、商、教育5个学院，17个系的综合大学。

厦门大学

陈嘉庚的商业命脉也在继续延伸。直到20世纪20年代末，美国纽约爆发的经济大萧条席卷南洋，陈嘉庚的企业无法逃避这场灾难。因橡胶价格暴跌，作为公司最大财源的橡胶园亏损了几十万元，其他产业也接连亏损。一面是产业亏损不止，另一面是厦大、集美两校每年都要支出30多万元的经费，陈嘉庚却不曾放弃资助厦大，他称："宁可变卖大厦，也要支持厦大。"直至1937年春，为全力维持集美学校，他将厦大无条件交给政府，厦大从私立变成国立。

在陈嘉庚的带动下，新加坡华侨办学蔚然成风。正如新加坡华侨领袖黄奕欢所说："全部华人教育史上，嘉庚先生前无古人。南洋华人博得热心教育的美誉更起因于有了嘉庚先生。换言之，即起因嘉庚先生所造成的兴学风气。嘉庚先生以前没有陈嘉庚，嘉庚先生以后已有不止一个继起的陈嘉庚，我们希望将有更多更多敢向人类愚蠢挑战，以导引世界走向更文明更高度文化的陈嘉庚出现！"

陈嘉庚一生所捐献的教育经费高达1 000万元。有好奇者计算：如将这笔经费购买黄金，到现在价值已是1亿美元左右。然而，纵然有万贯家财，对于日常生活，陈家人却处处精打细算。陈嘉庚的生活俭朴，自奉菲薄，床、写字台、沙发、蚊帐等都多年不换，外衣、裤子、鞋子、袜子全都有补丁。晚年他规定的伙食标准是每天5角钱，经常吃番薯粥、花生米、豆干、腐乳。陈嘉庚说："鄙人在新加坡时，地处繁华，每月除正当费用外，零费不及2元。所以如此者，盖以个人少费一文，即为吾国多储一文，积少成多，以之兴学。"其后人回忆："父亲是一个很节俭的人。平日身上的现款不超过5元。他从来不在外头乱花一分钱。事业进入黄金时代，属下各公司获利800万，他显然是南洋一带富豪，可是生活上自奉甚俭，起居有常。"

陈嘉庚逝世后，将国内存款320余万元全部捐给公益事业，没有给儿孙留下一分钱。他在新加坡的不动产则捐给集美学校作永久基金。

落叶归根

1949年，内战进入尾声。

在毛泽东的热情邀请下，陈嘉庚回到大陆。与毛泽东见面后，他这样告诉毛泽东："毛主席，十年前在延安临别时，我答应你做的两件事全都做了。头一件，我回到重庆就跟蒋介石说，共产党一心抗日，对国民党绝无恶意，劝他和共产党真诚合作，团结抗日，可他就是听不进去，良药苦口呀。第二件，我不待回到南洋，在全国各地就把延安所见所闻如实介绍，因此，蒋对我产生恶感，我也不顾，凭着良心与人格，不能指鹿为马呀！"

作为华侨代表和侨界召集人，回京后的陈嘉庚全力投入新政协筹备工作。1949年10月1日，陈嘉庚以华侨领袖的身份参加开国大典，登上了天安门城楼，人生的辉煌在这一刻定格。

1950年，陈嘉庚结束了新加坡的事业，回国定居。在南洋风雨漂泊四十载，终于落叶归根。此时，他眼中的中国有无限光明的前途，"全国解放，成立人民政府，兴利除弊，百政维新，将见三大国中原属落后的中国，勃兴发展，独立自强"。

1961年，这个既非豪门巨姓出身，又未当上一官半职，手中无权无势，却究其一生都在为国家和民族殚精竭虑的老人在京病逝。回顾他的人生，几乎贯穿了中国近代历史上疾风骤雨的80年。贫困、革命、战争、政治动乱、社会动荡、经济改革、国家转型与命运淬砺，所有的这一切都成为他坎坷人生的生动参照。他准确预测到了大国崛起的姿态，却没能享受到这个崛起的过程。

陈嘉庚遗体入殓时，3 000多人前往吊唁。尔后，首都2 000多人参加了公祭大会。公祭结束，周恩来、朱德领先执绋，护送灵柩上灵车。其遗体用专列运至厦门，当时万人夹道，纷纷与之告别。而在南洋，新加坡中华总商会联合各界，举行万人追悼大会。灵堂中的横匾写有"万世流芳"，两旁悬挂一对挽联——前半生兴学，后半生纾难；是一代正气，亦一代完人。

四字精神

有人总结出"嘉庚精神"——忠，公，诚，毅。

忠，指爱国主义，"天下兴亡，匹夫有责"，作为华侨领袖支援祖国抗战；公，指倾资办学，重义轻利，"所获财利，概办教育"，不惜倾家荡产；诚，指诚信，代父还债；毅，指百折不挠，"肯负责任、做事不中辍、尝试不成仍继续前进"。钢铁大王卡内基说："去世时仍然富裕的人是可耻的。"陈嘉庚在去世时几乎身无分文，他的大半生都用来"挥霍"他苦心创造的财富。

勇于承担社会责任不仅是企业家回报社会的方式，对于企业家和企业自身也意义匪浅。管理大师彼得·圣吉认为责任感是企业发展的不竭动力，"愈来愈多的企业已经不用传统方式来凸显自己，而是以责任感使自己脱颖而出。企业如今不仅提供给顾客好的服务、提供给股东好的报酬。有些企业也承认，他们负有善用力量的

> 在靠拳头和国力说话的全球语境中，商人只能看西方财团的脸色过日子，市场规则形同虚设，垄断成风。

责任。社会授予企业追逐利润的权力，随着权力而来的是责任。但责任感的意识在过去数十年并不明显。当企业的力量扩大，但责任感却在恶化，会造成不堪想象的结果。"

多数商业史着重于描述企业家创造财富的手段，而对于陈嘉庚，更多的笔墨总会自觉不自觉地偏重于他如何散播财富。但不管如何，我们都不能改变这样的历史顺序与逻辑：陈嘉庚先是一个企业家，然后才是一个教育家和爱国主义者。

据陈氏后人回忆，晚年的陈嘉庚喜欢朗诵范仲淹的名句"先天下之忧而忧，后天下之乐而乐"。事实上，范仲淹正是他推崇备至的人物。在他1946年所著的《南侨回忆录》弁言有曰："对于轻金钱，重义务，诚信果毅，疾恶好善，爱乡爱国诸点，尤所服膺向往，而自愧未能达其一，深愿与国人共勉之也。"

华侨对中国经济的贡献

回顾华侨的创业史，其间血泪纠结。几十年沧海横流，记录了他们的慷慨人生。艰苦打拼过后，华侨手握巨额财富，成了不同国家（地区）的首富，甚至举足轻重的商界领袖。他们的共同之处在于：传奇的商业历程，对祖国的挚爱，对故乡的关怀。他们为中国经济腾飞作出了重大贡献。

记忆中的1937年，是一段痛苦的时光。抗战爆发以后，为了支援大陆，南洋英、荷、美、法等属68个港岸的华侨成立了"南洋华侨筹赈祖国难民总会"，陈嘉庚被推举为主席。此后，他领导各属华侨积极募捐。

陈嘉庚再次变成了"富"冠南洋的金主，他被当时的国民政府奉为"抗战财神"。陈嘉庚是一位有远见的华侨，政治上，他代表1 000万南洋华侨；经济上，他掌管着巨额款项。他发出了痛骂汪逆卖国的电报，他抨击国民党政府的腐败，这些言论因为他的特殊身份而在历史中留下了特别的印迹。

今天，华人遍布全球。他们走到哪里，都能在最短时间内入乡随俗，继而开辟出自己的天地。华侨们都有一个特点：移居海外的华人即使在别国繁衍了几代，他们的命脉依旧与那个叫作"中国"的国家无法割舍。

东南亚总面积447万平方公里，总人口不到6亿，华侨、华人约3 000万，是世界上华侨、华人最集中，人数最多的地区之一。他们在中国近百年的历史中扮演着一种独特的角色：祖国遭遇战乱的时候，他们伸出援手；祖国百废待兴之际，他们慷慨解囊；祖国经济发展的大潮中，同样有他们的闪闪光辉。

马来西亚的郭鹤年、林梧桐；新加坡的黄祖耀、郭芳枫；菲律宾的陈永栽、施至诚以及印度尼西亚的林绍良和李文正……他们的华人身份比他们头上的财富光环更值得我们珍视。

1985年，享有"亚洲糖王"和"酒店大王"之称的郭鹤年在北京投资建造中国国际贸易中心。此后，郭鹤年在大陆的投资一发不可收拾。人们熟悉的香格里拉大酒店、北京最高档的写字楼国贸大厦和嘉里中心的主要投资人，都是郭鹤年。2007年，郭鹤年向主持"希望工程"的中国青少年基金会捐赠5 000万元，帮助贫困儿童完成学业。事实上，据公开资料，早在20世纪五六十年代，郭鹤年凭一己之力帮助中国政府打破经济封锁，被誉为爱国华侨。

国际金融巨头、新加坡大华银行集团董事长黄祖耀对中国经济尤其是金融业的起飞同样贡献卓越。作为改革开放后最早进入中国的外资银行之一，大华银行1984年在北京设立了第一家办事处，1985年在厦门设立了第一家分行。华侨领军的外资银行为中国金融业的整体繁荣以及未来的金融改革都起了引领的作用。

"菲律宾百货巨头"施至诚说过，"我在中国投资，一半是基于乡情，另一半才是商业考虑。"施的话代表了华侨在中国投资的普遍心理。而除了直接投资，他们为故土带来的间接经济效应也不可忽视。

改革开放之初，回乡探亲的华侨不经意间激活了当地的一批产业。他们从国外带来的"洋货"让刚刚做好经济起飞准备的故乡人大开眼界，小到糖果、雨伞，大到电冰箱、彩电，无一不让老街坊们觉得新奇。中国两大伞都之一的福建东石就起步于当年一位华侨带回来的几把"洋伞"，当地民众"依样画葫芦"，生产规模日益庞大，最终成就了今天与杭州"天堂伞"齐名的"梅花伞"。

《中国对外贸易》英文版主编石净在接受采访时这样说，"近几年，投资和外贸是拉动国内经济的两驾马车，海外华商企业对国内的外贸出口起到了巨大的促进作用，应该说是促进国内出口的主力军。与此同时，由于华商投资企业不少是中小企业，而且主要是劳动密集型的制造加工业，因此提供了大量的就业和工作机会。无疑，海外华商企业对缓解我国的就业压力、解决就业问题作用很大"。

美国约翰逊总统的经济顾问瑟罗则以一位局外人的眼光来看待华商，"海外华商对中国改革的最大贡献，不仅是投资，而且教会了他们的同胞运用市场经济的游戏规则"。

华侨"一半乡情、一半商业"的投资心理，包含的意义并不只是"爱国"，因为依照国际法规，很多华侨已不具备中国国籍，但在他们念旧的思维中，始终有这么一个比自己国籍所在更重要的国家。这个国家超越了国籍，超越了时空，给了他们难以言说的民族皈依。

20世纪40年代末，国共两党的斗争到了即将见分晓的时刻，对于饱经战乱的老百姓来说，只要能让自己吃饱穿暖、安居乐业就行了，用不着费多大心思考虑政治归属问题。但是，对于社会的精英，受到过高等教育而又掌握了一定社会资源的人来说，何去何从还真是个需要认真思考的问题。

陈光甫：一个领先时代的银行家

文/十二叔

1915年6月3日，《申报》"本埠新闻"一栏里刊登了一则豆腐块大小的新闻：

"昨日午后为本埠宁波路九号上海商业储蓄银行正式开幕之期，各界领袖前往参与盛典者，络绎不绝，由董事长庄得之先生、总经理陈光甫先生一一延入接待室，款以茶点。三时行开幕礼，首由陈光甫先生起立演说，略谓：'一国工商业之发展，全恃金融机关为之枢纽，我国百业凋敝，其故于金融机关之阻滞不灵，此次欧战已得极好之教训，凡一国国民，苟无远视大志，即无可以立足之地，我国实业今在幼稚时代，欲培植之启发之，必先当有完善之金融机关。本行宗旨，注意储蓄，盖欲扶翼中、交两行而为其辅助机关，既承惠临，乞赐教言，以匡不逮'云云。继由上海商会会长周金箴、中国银行行长宋汉章相继演说，宾主尽欢而散。"

类似这样的经济新闻在大上海的媒体报道中非常之多，人们看报纸时大多一扫而过。但就是这样普通的新闻，还是经过《申报》记者"修饰"的。在上海强者林立的金融界，这家名称不小的银行的实力小得实在让人不好意思提及，其资本总额为区区10万元，到账的仅有七八万元，许多小型钱庄的实力都比它大多了。这么一点儿钱别说开银行，做点儿稍大的生意恐怕都不够。也正因此，银行开业时，庄得之、陈光甫并没有广发邀请函，前来贺喜的大都是各股东的朋友。

虽然这样低调，但这家极具"个性"的银行在不久之后还是在上海滩出了名。事情是这样的，银行一开业，就推出了"一元开户"的服务项目，同行们在蔑视这个"小字辈"的同时，也被它这个大胆的举动激怒了，没过几天，就派人前去刁难。一天上午，一年轻男子来到上海商业储蓄银行，拿出100元要求开100个账户，这顿时吸引了大厅所有客户的目光。接待这位不速之客的柜员没有什么不满的表示，笑容满面地为其办理业务。一个多小时后，100个账户的手续全部办好，这人大为感动，带着一堆存款凭据赫然离开了大厅。目睹整个经过的客户们，对银行职员的敬业与服务大为钦佩，他们也成为这家银行最早的一批忠实客户。

这件事很快传遍了上海，这家小银行的知名度骤然上升，一时间客户量大为增加，恶意作弄反倒为上海商业储蓄银行做了一次活广告，这是同行们意想不到的。令他们日后更加意外的是，在总经理陈光甫的精心打理下，这家小小的银行在短短16年中，资本增加了50余倍，业绩名列全国同行业之首，并成为大名鼎鼎的"南三行"之一。

陈光甫是江苏镇江人，原名陈辉德，父亲陈仲衡是个做进口火油生意的小商人，母亲是位平凡的家庭主妇，家里的兄弟姐妹有八个之多，陈光甫排行老四。

陈光甫在报关行做过7年学徒，一边干着打杂的粗活，一边孜孜不倦地吸收一切跟商业有关的知识，他的英语水平也从只认识ABC到能与洋人流利对话的程度。后来，机缘巧合之下，陈光甫进入沃顿商学院学习，并到百老汇信托银行实习了3个多月。

1910年，陈光甫回国后，有位家境颇为富裕的同学极力劝说陈光甫到他家的企业做事，可是陈光甫谢绝了，他打算自己创业开办银行。

1915年上海商业储蓄银行开张后，陈光甫想出了种种成本低廉的宣传妙招，如前来存款时赠送带有上海商业储蓄银行标志和广告语的钱夹、手提袋等。所有赠品都印制精美，十分受欢迎，虽然成本略高，却有效地扩大了银行的知名度和美誉度。他们还在上海的各大街小巷人流密集处张贴揽储的宣传海报，效果也不错。待开业初期业务理顺之后，陈光甫还想出了一个更"土"却效果奇佳的宣传方式，那就是雇请几辆大车，在车上支起银行的大幅广告画，由员工带队前往上海郊区、农村等地宣传揽储。此举随即在上海引起了轰动，能将银行的金融业务用如此"低级"的方式进行宣传，堪称前无古人之举，彻底颠覆了银行等现代金融机构"高高在上"的形象，也为上海商业储蓄银行招徕了一大批农民客户。这些人虽然所存的钱不多，但是一旦信任了某家银行，就不会轻易更换，而且他们的存款周期较长。

为了吸引市民存款，陈光甫还推出了"活期储蓄""整存整取""整存零取"等储蓄方式，这些存储方式引领了银行业一时之风潮，并沿用至今，成为银行业最基本的服务项目。

除此之外，为了扩大上海商业储蓄银行的影响力，陈光甫还创新性地推出了学校储蓄，吸纳学生和老师为储户，并代替学校收取学生的学费、生活费等各种费用。今日学生考上大学，收到录取通知书时，里面大多夹带一张附赠银行卡的形式就源于此。

银行开业的前两年，陈光甫非常辛劳，白天处理日常事务、跑街拉客户、调查放贷的客户，晚上回到银行给新员工上课，教授银行业务知识，指导他们练习技能。

在陈光甫等人的努力下，上海商业储蓄银行的存款总额增长十分惊人：从1915年开业起到年底时，存款已超过57万元；到1916年年底时，增加了近3倍，达到了144万元；到1918年年底时，又翻了一番，达到327万元；待到1926年年底，即开业10年6个月时，存款总额达到了3 244万元；到1936年时，这个数额飙升到了2亿元。20年间足足增长了2 000倍，位居全国同行前列。

中国"伯南克"的金融大手笔

1926年以前，陈光甫是一位独立的商人，他与政治派别都保持距离，谨慎地对待所有政治问题，极少参与实际的政治活动。当时上海的许多政治团体都力邀陈光甫加入，他一概托词谢绝。为此，他还提出了"敬远官僚，亲交商人"的经商宗旨，试图以此确保自己企业的独立性，使其免受政府控制。

不过，这种情况在1927年的春天发生了变化，陈光甫开始支持蒋介石，支持南京国民政府，这也是他向参与国民政府币制改革迈出的第一步。而在这个过程中，陈光甫行事十分谨慎，面对蒋介石这个新实力派，他甚至比之前应对各种政治势力时更加小心翼翼。

1927年3月底，蒋介石率领的北伐军进入上海后，不仅建立了上海特别市临时政府，还特地成立了"江苏兼上海财政委员会"，以解决北伐军内部财政问题。此时，蒋介石已对陈光甫有了详细了解，再加上陈光甫曾与孙中山、孔祥熙等人有过密切交往，国民党内以及商界很多人士均推荐陈光甫为财政委员会主任。他们认为，陈光甫不仅财政经验丰富，且熟悉当地情形，关键是在银行界有号召力，能够筹钱，必能最快最好地解决江苏及上海地区的财政问题。但是，陈光甫担心自己担任财政委员会主任后，与蒋介石对立的北洋军阀政府和汪精卫武汉国民政府会损害上海商业储蓄银行在北方和武汉的利益。他没法一口拒绝，而是以"出任问题须看银行董事会的态度来决定"为借口，将此事向后拖延了几天。

之后的一段时间里，因认定陈光甫是财委会主任的最佳人选，蒋介石多次相邀，还致电催促陈光甫道："务请勉为其难共仗危局。"其间，江浙一带的许多实力派代表人物也从旁劝说，请陈光甫出山。此前，蒋介石进入上海后已采取多种手段将金融界上层人物"网罗"在手，加以利用。

在过去百年的商业史中，陈光甫是被严重
低估的企业家。

　　各方游说对陈光甫的作用不大，真正让他动摇的是当时的动
荡局势。军阀割据时期，社会环境动荡，地方军阀以武力抢劫银
行的事情时有发生，陈光甫对此深恶痛绝。加之工人运动愈演愈
烈，劳资斗争惊心动魄，上海商业储蓄银行也未能幸免。而在对
待这个问题的态度上，蒋介石与陈光甫不谋而合，表示将竭力解决
工人运动问题。陈光甫对蒋介石产生了一丝信任，决定出任财委会
主任一职。

　　这让蒋介石如获至宝，在当时资金严重短缺的情况下，蒋介石
必须依仗陈光甫这样实力雄厚的金融界人士为自己筹款。陈光甫果
然没有让蒋介石失望，他并没有头疼医头、脚疼医脚地一味借钱，
而是考虑根本性地解决国民政府的财政问题，开出了缓解财政金融
危机，改革货币制度等药方。

　　后来，在南京国民政府与武汉国民政府矛盾激化兵戎相见之
时，陈光甫坚决站到了蒋介石一边。当时，武汉国民政府发行的纸
币在长江中下游各地流通，蒋介石为了对武汉国民政府进行财政制
裁，下令禁止人们使用武汉国民政府发行的纸币，同时禁止长江中
下游各地商人将现金运往武汉。陈光甫领导的财委会积极响应此
举，立即通令停兑、停用武汉中央银行纸币。基于财委会的这种态

度，蒋介石紧接着就将江苏及上海财政的大小事宜全交由陈光甫及其领导的财委会负责，为表诚意，他还以国民革命军总司令部的名义发出了布告，公开宣布"嗣后无论任何机关、团体，对于财务上一切用人行政事宜，概不得加以干涉；对外一切契约行为，并由该委员会负责办理"。

陈光甫与财委会在筹款及制裁武汉国民政府之事上的表现，让蒋介石再一次认识到了陈光甫的重要性。

不久，陈光甫又为南京国民政府立下一个大功劳，此事更让蒋介石对他刮目相看，也成为蒋介石委任陈光甫为币制改革主要负责人的一个重要理由。为了更好、更快地为南京国民政府筹集军费，陈光甫以"江苏兼上海财政委员会"的名义向国内公开发行了"江海关二五附税库券"，就是在海关原来5%关税的基础上另加2.5%附加税，以此作为抵押担保的债券。在发行债券的过程中，陈光甫不仅多次发布长篇告示，向商界及普通百姓阐明发行目的，还亲自外出鼓动民众认购。他在商界多年来积攒下的人脉资源，也使发行债券之举获得了许多富商的支持。此后，陈光甫还和财委会工作人员到菲律宾等国积极发动国外华侨认购"二五"库券，这一举动不仅为他本人赢得了美誉，也使南京国民政府得到了更多人的拥护。在陈光甫等人的竭力推荐下，"二五"库券的发行事宜进行得异常顺利，短短几个月的时间里，解决了南京国民政府所急需的大部分军事及行政开支。

民国草创，国事纷扰，各路豪强粉墨登场，因忙于抢地盘分利益，制度建设一直得不到重视。20世纪20年代，中国还没有建立一个完整的银行制度体系，中国的金融业一直处于零散无序的发展状态，缺乏统一的组织，更不要说是一个可以统领全局的中央银行。这种情况下，若遇到金融危机，各银行资金无法进行调剂，就很容易导致金融市场上的恐慌，国民政府出现财政危机也就在所难免了。而此时的西方国家早已构建起了以央行为核心的银行制度体系，使一战后各国复苏经济的措施都进行得相当顺利。陈光甫及金融界一批杰出人才深知，建立完善的银行制度体系不仅有利于中国金融业的发展，也能帮助巩固国民党政权。所以他们愿意赌一把，大胆呼吁蒋介石搞金融改革，设立南京国民政府掌控下的中央银行。

中央银行成立之初，蒋介石与陈光甫等金融界代表意见相左，但考虑到既然是有利于国民政府统治的好事，便认可了此事。可见，蒋介石成立央行的目的是控制全国的金融，而陈光甫等人则希望央行能起到调节全国金融货币、稳定物价的作用，至于中央银行的具体运作，他们更希望它与政治保持一定的距离，在市场上自由竞争。

但是，无论如何，央行的设立对中国金融业的发展是有一定积极影响的，在当时的情势下，中央银行使全国银行界有了统一的体系，将来统一发行货币、调节通货膨胀或紧缩的目标也自然有实现的可能。

不久，蒋介石特邀陈光甫商议成立中央银行之事，陈光甫参照西方各国的银行体制积极参与筹建中央银行。尽管他所强调的"央行应包含商业股份，行长不宜由财政部长兼任，货币发行局局长不能由政府人员担任"等事宜并没有得到蒋介石的肯定，但出于自身及整个上海金融界根本利益的考虑，陈光甫最后还是接受了中央银行理事的职务。1933年4月5日，在陈光甫的积极倡导下，南京国民政府颁布了《废两改元布告》，中国的货币流通方式在法律上进入了银本位时期，而这也是国民政府币制改革的前奏。

"废两改元"之前，中国市场上的货币十分混乱，因军阀各自为政，滥铸钱币，各地便流通着各种各样的货币，既有银两又有银元，既有制钱又有铜元，既有国内纸币又有外国银行钞票。这使得金融市场变得混乱且繁琐。而在国内币制混乱的同时，英、美、日等当时实行金本位货币制度的国家，在中国金融市场上的活动也更加频繁，原本已经十分混乱不堪的国内货币市场上，又出现了多种外币，如西班牙本洋、英属地银元、日本龙洋等币种。空前杂乱的货币市场让中国的商户、银行乃至普通百姓都有些不知所措，人们很迷茫，到底使用哪一种货币才能保证币值避免日后损失惨重呢？

此时的国际环境也不太平，1929年之后，各主要资本主义国家相继爆发了经济危机，物价大幅下跌，白银价格也一而再再而三地下跌。正当国民政府为阻止银价的持续下跌而伤透脑筋时，金融界里有着敏锐洞察力的陈光甫等人从中看到了建立统一的货币制度体系的一线生机，他们提出的具体办法就是"废两改元"。因为当时市场上的白银供过于求，导致了银元价格下跌，此时若废除落后的银两制，对银元重新定价，并由国民政府统一发行，不仅能改变原来混乱的货币流通现状，统一全国的币值，还能确保银元在日后升值而不致贬值。

根据陈光甫的建议，蒋介石认识到了"废两改元"对国民政府垄断全国金融的重要作用，很爽快地采纳了陈光甫的意见，并委派陈光甫负责此事。很快，陈光甫等人就对通行银元的形状、重量、成色等制定了周密的方案，并交由中央银行货币发行机构统一铸币发行。较之国内混乱已久的货币制度，陈光甫的"废两改元"措施完全可称得上是一次意义重大的创举，它不仅大大简化了币种，还扩大了中央银行的经营规模，完善了其职能，为日后以央行为中心开展的法币改革奠定了重要基础。

然而，时局的变化总是让人难以预料，"废两改元"对中国工商业发展的积极影响竟是那么短暂。不到一年的时间，在美国白银政策的影响下，世界银价便快速上涨，中国的大量存银要么被美国收购，要么被日本走私偷运出去。转眼间，国内通货紧缩，存银不多的国内银行都收紧银根，不敢轻易放贷。如此一来，许多规模较大的工商企业都因缺乏周转资金而无法顺利进行生产经营活动。随之而来的，就是失业人数增多，大批工商企业破产倒闭。到1935年，全国的92家纱厂中已有24家停工，上海的33家丝厂中有28家停工，倒闭的工商企业达1 000多家，金融业中也有不少银行停业或倒闭。

同时，国内存银的大量外流引起国民政府财政收入减少，国际收支不平衡。就这样，在各行各业相互影响的恶性循环中，国内面临着严峻的财政经济危机。这一切都让陈光甫看在眼里，痛在心头，他曾考虑到"废两改元"并不能从根本上结束国内混乱的币制，也在不断寻求更有效的统一币制、稳定金融市场的方法，但却没想到危机来得这么快。

此时的陈光甫明白，白银外流风潮及其引起的经济危机的日益加深，已从根本上动摇了中国的银本位货币基础。所以，要稳定金融、缓解危机，只能继续从货币制度下手，进一步改革币制，稳定汇价，切断白银与中国货币的联系，使国内金融货币体系不受世界银价涨落的过多影响。要实现这一目标，就要废除银本位的货币制度，确定一种新的不以白银为直接流通工具的货币。最后，陈光甫与南京国民政府负责财政事宜的官员们经过反复讨论，决定实行法币改革，就是确定法币为全国通行的货币。

陈光甫等人所说的"法币"当然不是法国使用的货币，而是由当时的中央银行、中国银行及交通银行三行联合发行的钞票。

1935年11月3日，南京国民政府财政部正式公布了法币改革方案，此方案共包含四个方面的内容：其一，确定以中央银行、中国银行、交通银行三行发行的钞票为法币，所有完粮纳税及一切公私款项的收付，概需使用法币，不得使用银元，违者全数没收其白银，以防白银外流；其二，农业银行虽不作为法币发行银行，但其发行的钞票也可与法币同样使用，也就是说，全国通用钞票的发行权完全集中到了中央银行、中国银行、交通银行及农业银行四大银行手中，这是国民政府统一币制的一个有力手段；其三，法币纳入英镑集团，与英镑实行固定汇价，并规定由中央银行、中国银行和交通银行三大银行无限制买卖外汇，稳定法币对外汇价的责任就由这三大银行承担；其四，国内全部白银收归国民政府所有，作为法币准备金。

陈光甫早就知道，在法币改革之前，国内发行钞票的银行就有三十多家，发行权过于分散也是导致货币市场紊乱的一个重要原因。因此，他在法币改革中主张全国的钞票由四大银行发行，这样，国民政府就控制了国内的货币发行权，不仅能有效控制货在8年抗战时期，陈光甫不仅仅是个成功的商人，还是一个有责任心的社会活动家。

币流通量，还能保证法币币值的稳定。同时，白银收归国有的做法，不仅能防止中国白银外流，还能增加国内外汇储备。当时的南京国民政府已面临严重的财政金融危机，且不说外汇储备，连当前必需的各项开支都无力支出。为避免这种困境再次出现，并为了保证法币对外汇率的稳定，陈光甫建议国民政府存储部分收回的白银，将其余部分陆续出售，变成政府的外汇储备。如此一来，通用法币的中国就会逐渐摆脱国际银价波动对国内货币市场的影响。

事实证明，陈光甫的建议对国民政府是有用的。法币的发行不仅结束了国内货币混乱的状况，统一了中国的币制，还成功地推动了对外贸易和国内生产的发展。后来，当美国停止在英国伦敦购银时，世界银价又急转直下，短短几天时间里就降低了10%，但此时的法币已与世界银价脱钩，所以中国货币市场受世界银价波动的影响并不大。今天大家看的《借枪》等讲述民国旧事的电视剧，其中即使是在天津租界的市民，也都希望用国民政府发行的法币，这就能看出那时的法币还是很受欢迎的，普通市民对其币值是有信心的。

临危受命，以金融救国

1937年7月7日，卢沟桥上响起了震天的枪声，抗日战争全面爆发。很快，中国的海岸线就遭到日军的严密封锁，各种运输线路更是在日军的控制之下。接下来，国内货物流通与商品出口受到严重阻碍，国际收支严重失衡，国民政府在抗日初期就遇到了资金难题，经济遭受沉重打击。

面对日本如此疯狂的侵略，国民政府虽摆出了积极抗日的姿态，却也显得心有余而力不足，以至于到了1937年10月，日本攻陷上海后，国民政府竟被迫退居重庆。不过，这一段时期里，为获得更多的财政收入以应付军费开支，国民政府也修正了部分经济政策，并设法调整贸易，扩大出口，维持国际收支平衡。

在战场上杀敌拼命不是陈光甫的强项，但对于调整贸易这类经济活动，在金融界驰骋多年的他很在行。而在8年抗战的整个时期内，陈光甫不仅仅是个成功的商人，还是一个有责任心的社会活动家。抗战一开始，他便立即投入到了爱国救亡运动之中。上海发生"八一三"事变后，陈光甫参与发起了"上海地方维持会"，努力维持上海金融、工商、文教等方面的稳定发展，同时还向市民呼吁，募集了不少资金、食物、日用品等运往抗战前线，支援抗日军队。陈光甫及"上海地方维持会"的行为，不仅为国民政府抗日提供了相当大的物资支持，还极大地鼓舞了抗日军队的士气。

陈光甫有爱国之心，也有一定的能力，且长期与国民政府保持着密切联系，因此国民政府为调整贸易，改变经济政策而力邀陈光甫参与时，他便不再借口推托了。

1937年9月，国民政府在军事委员会下设立贸易调整委员会，并仔细阐述了其职责，即"对于全国原有或新设之国营及民营之贸易事业，如买卖、运输、堆存及贸易、金融等事项有督促调整之全权"。很明显，此举是为了刺激出口，增加国民政府财政收入。

在民族危亡之际，陈光甫受邀出任贸易调整委员会主任，同时被军事委员会特别授予中将军衔，这使他在与军事机关接洽及出入境时更加方便了。陈光甫做的第一件事不是搞出口生产，也不是大量外运国内各种商品，而是先邀请上海贸易、运输各界的代表召开谈话会。对陈光甫的这项举动，国民政府最初有一些质疑，认为这是在浪费时间、浪费精力，他应该尽快投入到实际工作中，而不是坐在办公室里"纸上谈兵"。但陈光甫并不这么看，他认为，眼下鼓舞人心，让社会各界团结起来共渡难关是很重要的，这可以使工作事半功倍，倘若人心涣散，再好的政策也很难顺利实施，甚至可能让敌人乘虚而入。

在当时的谈话会上，陈光甫对贸易调整委员会任务的阐述十分简洁明了："长期抗战，首须培养资源，故一面应以本国产品增加输出，易取外汇；一面亦宜减少消耗品之输入，以杜漏卮。"之后，陈光甫和其他代表们就贸易委员会的职责，贸易中的运输、地点、范围等问题达成了一致决议，并依此制定了《调整贸易计划大纲》。

"调整贸易"四个字说起来轻松，真正做起来可是极不容易的，从哪些方面调整？怎么调整？都是陈光甫必须深思熟虑的问题。不过，问题再难也会有突破口，仔细分析后，他决定先从增加出口方面入手。在这一方面，陈光甫采取的措施是十分巧妙的。通过此前的会谈，陈光甫了解到贸易、运输等各界人士的实际困难与需求，在开始实行调整计划后，他便立即拨款设立了一个全国国货运销管理处，让上海等地的商家先将存货运往内地，再由外商加工后出口国外。在这个过程中，贸易调整委员会实际上是为各方商家服务的，它出面联络运输工具，保证货物运输的安全与畅通。

要增加进口，光进行运销管理是不够的，还得有真正畅通可行的运输渠道。所以，陈光甫在设立货物运销管理处的同时，还要行协助运输、促进货运之事。贸易调整委员会成立后不久，上海、南京等城市便相继沦陷，日本控制了长江水运交通线，阻断了国民政府外运货物的一个重要渠道。而此时，陈光甫等人已经联系了一些运输公司，正准备将大批货物运往内地加工，已经过加工的一些货物也待运出国门。面对这样的困境，陈光甫当机立断，召集贸易、运输各方紧急洽谈，最后决定再成立一个交通部水陆运输联合办事处。这个办事处实际上是将不同的运输部门合并后产生的统一的运输管理部门，如此一来，国内的货物就实现了统一运输，这不仅大幅增加了货运数量，还降低了货运的风险。

随后，陈光甫便开始了调剂金融、鼓励输出的活动。其实，国民政府出口减少，国际收支不平衡，还有另外一个重要原因——抗战爆发初期，日本虽然控制了中国不少出口渠道，但那时，中国并没有完全沦陷，对外贸易实际上还有一些发展空间。可问题是，此时的许多中国商人退缩了，因为战争的爆发，货物出口风险大增，运费很高，这使他们面临着巨大的资金周转困难。对此，他们产生了畏惧感，外销国货的行为便大打折扣。

不过，这难不倒陈光甫，他在鼓励国内商人增加输出这件事上，又拿出了一项很有实效的方案，即设立专门基金，垫付和补贴国内茶叶、矿石、桐油等货物外运。此计划一经实施，各地商人纷纷拿出了自家的存货。一时间，国内货物出口量大增，国民政府还迎来了对外贸易的一个小高潮。到1937年年底，国民政府的出口额就由1936年的7.06亿元增加到了8.38亿元，增幅近20%。

贸易调整委员会成立后，在陈光甫等人的协调下，原本已经迅速下落甚至跌入谷底的中国对外贸易又逐渐回升了。1938年1月至7月间，长江沿岸及华南的汉口、宜昌、重庆、广州、九龙、汕头、宁波等关口出口的货物总额，比战前1937年的同期增长了60%以上，连四川的畜产品、西北各省的羊毛等货物，其外销量也在不断增加。

虽然贸易调整委员会仅存在短短半年，1938年春国民政府实行战时经济统制政策后，该组织便被撤销，但是，陈光甫和他领导的这个委员会，作为抗战时中国统一的经济协调机构，已经为日后国民政府统制经济、有效管理贸易奠定了基础。在此过程中，陈光甫的贸易协调手段为国民政府增加了不少出口额。正因如此，在之后抗日战争最为艰苦的阶段，国民政府也将赴美借款的任务交给了陈光甫。

抗日战争爆发之初，国民政府财政收支不平衡的状况已经非常严重，当时政府决定以一种最简单的方式弥补财政赤字，即举债，并且最先开始的是举借内债。几乎在成立贸易调整委员会的同时，国民政府又宣布发行救国公债，鼓励国内人民及海外华侨尽力购买，补充军费。

然而，这一举措的效果看起来并不尽如人意。由于战争形势日益危急，国内通货膨胀的速度越来越快，法币不断贬值。这时，国人及大多数银行都不愿意购买债券，在遭到战争的重创后，谁都不愿意亏损更多。蒋介石原本以为在人民爱国热情空前高涨的阶段，国内公债很快会销售一空，却没想到推销了近一年后，债券销售量还不及发行量的一半，这让他大失所望。此后，他又发行了各种各样的公债，结果仍是收效甚微。发行公债的举措根本没有对战时国民政府的财政赤字起到什么作用。

就在此时，国内局势更加危急——抗战进入了最为艰苦的阶段，国民政府在财政上出现巨额赤字，外交上又几乎处于孤立无援的境地。万分焦急的蒋介石这时只好把手伸向国外，准备采取举借外债的政策。国民政府内部就"向何处求援"的问题议论纷纷，蒋介石最后选择了美国作为借债的主要对象，英国次之。

1938年6月底，英国感觉到自身在华利益已经受损时，便准备对华贷款，美国也表示愿意配合，考虑向中国贷款，支持中国抵抗日本侵略。此后，美国财政部部长摩根韬也认为，为了保证自身的安全，美国应该援助中国。于是，他建议国民政府先派代表团访美，与美方进行面对面的谈判。而谈判的人选锁定了陈光甫。

其实，陈光甫原本并不想担任谈判代表，毕竟从当时的整个国际形势来看，中国要获得美国的贷款还是一项十分艰巨的使命。那时，虽然美国总统罗斯福及财政部长摩根韬等人积极推动援华一事，但美日之间的矛盾尚不突出，美国国会中有不少倾向孤立主义的势力，他们仍主张美国商界与日本保持以往的经贸关系，即使出于经济利益的考虑，他们也不愿因为援助中国而得罪日本。面对这样复杂的局势，陈光甫起初也担心自己力不从心，无法完成访美谈判重任。不过，在蒋介石的亲自劝解和孔祥熙的再三恳请下，陈光甫最终还是放下心中的种种顾虑，接受赴美谈判的任务。

正如陈光甫预料的那样，借款谈判的过程十分艰难，虽然美国总统罗斯福、财政部长摩根韬对此事的态度积极，表示愿意通过贷款解中国燃眉之急，但美国国内还是有不少政治势力反对贷款。在美国一批反对援华的政治人物的施压下，眼看即将到手的贷款又被搁置了，美国方面摆出了静观事态发展再做决定的姿态。那段时间，陈光甫常常感受到前所未有的悲凉与痛苦。

不过，在美国静观其变之时，重庆方面传出了两种风声，一即蒋介石可能不得不考虑与日本媾和，二即中国政府因依赖于苏联的军火援助而改变其政治立场。这时，美国方面的摩根韬等人立即意识到情况不妙，并警告罗斯福说，拖延做出援华决定，可能会把蒋介石推到"俄国和共产主义手中"。与此同时，令美国政府更加担心的问题出现了，日本也改变了以往的一些立场，发表声明倡导建立以"日满华三国合作"为基础的"东亚新秩序"，这意味着中日媾和一事很可能真的发生。

就这样，意识到危机的美国政府只好同意向中国贷款。可即将成为债权国的美国，看到中国危急的情势，对中国的还款能力表示怀疑，担心贷款无法收回。为了消除美方的疑虑，陈光甫根据以往在上海商业储蓄银行办理抵押贷款业务的经验，向美国提出了中国以出售桐油、锡矿为抵押的建议，以此作为还款的保证。

若说陈光甫的建议是无奈之下偶然想到的点子，那就错了。在赴美之前，陈光甫的经验与阅历就使他认为美国无条件贷款给中国的可能性很小，因此他便对国内可做贷款抵押的各种产品进行了详细研究，最后决定选桐油为抵押品，因为桐油不仅是美国制漆业的上选原料，还是军事工业的重要物资，当时美国的桐油产量又很少，根本不能满足其需求。于是，陈光甫以桐油为抵押品的贷款建议一提出，美方代表立即拍案决定接受这一建议。

此后，陈光甫又向美方代表详细说明了桐油的用处和中国生产桐油的情况，提出了有关桐油收购、管理、运输等问题的具体建议。当时陈光甫身在美国，为了尽快获得以桐油为抵押的贷款，整日不辞辛劳地四处奔走斡旋，还特地到纽约与美孚德士古运油专家以及汽车工程师们研究公路运油的组织、车辆运行等具体事宜。陈光甫的这些举动，让美国感受到了中国的诚意。

在陈光甫来到美国的一个半月后，美国财政部终于正式批准由美国进出口银行向中国发放贷款。而陈光甫等人正要松口气时，此事却再次横生枝节，美国国务院不肯开绿灯，他们担心中国取得贷款后会放弃抵抗日本，同时又顾虑日本会指责美国的援华之举，而因此报复美国。他们以《中美商约》和《九国公约》中的"反贸易垄断"、不得直接向中国政府贷款、不得用借款购置军火与装备等条件为借口，继续拖延贷款之事。

在风雨变幻中闯荡多年的陈光甫，针对美国国务院提出的这些条件，灵活地提出，中方会在中国国内创办一个复兴商业公司收购桐油，同时在美国设立一个世界贸易公司代售桐油。然后，让世界贸易公司与美国进出口银行签订贷款合同，并由中国银行纽约经理处担保。这样一来，从表面看，此次贷款就完全是中国公司与美国银行间的纯粹的业务往来，是商业，而不是外交。

陈光甫的建议得到了美国亲华势力及国民政府的共同支持，摩根韬称赞陈光甫高明的谈判技巧和灵活的政治头脑。此后不久，美方正式向外宣布，美国进出口银行将给予纽约世界贸易公司2 500万美元的贷款。

不过，"桐油借款"为国民政府提供的款项并不算多，在抗战的紧要关头，这些资金根本无法满足国民政府的需求，所以，国民政府仍然努力寻求美国的援助，而陈光甫则又顺理成章地接受了争取更多贷款的任务。恰好在这时，进出口银行的贷款基金已经用完，美国国会正在讨论新的预算方案，这让陈光甫看到了取得贷款的新希望。

接到再次借款的任务后，陈光甫用最短的时间深入调查美国对各种物资的需求状况，最终发现美国当时对锡的需求量很大。于是，陈光甫立即决定以中国的锡矿为抵押品，再次向美国申请贷款。

1939年9月，陈光甫正式向美国财政部提出以锡矿为抵押品获得美方贷款的方案，美方十分赞同。为表诚意，陈光甫又要求国民政府提供国内锡矿的详细资料给美方，并建议立即运500吨锡到美国，"先行交易，以利其行"。此建议也很快得到了国民政府和美国政府双方的支持。但此时，美国国会内反对援华的势力依然较强，前一次"桐油借款"，他们没有达成目的，此次他们必然要极力阻止政府再次贷款给中国。国会内许多官员甚至质问中方：中国的达官贵人、富商巨贾在美有数亿美元的私人存款，"为何不动用这些款项，竟向美国求贷"？

这类挑衅似的诘难令陈光甫等人大为尴尬，不过，对代表团以及整个中国而言，美国部分官员阻挠贷款的行为并不能让其退缩，陈光甫本人更是抱定"效秦廷之哭，以求有效"的决心。在此过程中，还有一个"奉旨度生辰"的故事。

这个故事是这样的：认定锡矿为此次贷款中的关键性物资后，在美执行借款谈判任务的陈光甫等人便奔波与华盛顿和纽约之间，与美国方面的相关人员反复协商借款事宜，期间陈光甫又一次和摩根韬会面了。两人见面后，陈光甫开门见山地向摩根韬表达了中国对美国援助的殷切期望。之后，陈光甫又解释道：中国的抗战已坚持了两年半之久，国力消耗很大，时下已到了最需要帮助的时候，何况国际局势变化飞快，若继续拖延贷款之事，日后美国援华可能会更加困难重重。摩根韬听后十分动容，并答应"极力设法"帮助中国取得这笔贷款。

得到摩根韬这样的答复，陈光甫很欣慰，也很激动。当时，他还告诉摩根韬：今天是自己59岁生日，能够得到摩根韬财长"极力设法"的允诺，实在是一个最好的生日礼物。摩根韬知道此事后，更为陈光甫的敬业精神所感动，他当即承诺自己会很快处理贷款事宜，会给陈光甫一个满意的答复，之后便亲自为陈光甫订了回纽约的机票，叮嘱他回去过一个安稳的生日。可以说，摩根韬的允诺对之后中国成功获得贷款起到了极大的推动作用，而后来回忆起此事，陈光甫笑称自己是在"奉旨度生辰"。

在陈光甫等人的不懈努力下，美方最终同意再次借款给中国。至此，无论在中国还是美国，人们都称陈光甫这回使美是一次了不起的外交成就。

20世纪40年代末，国共两党的斗争到了即将见分晓的时刻，对于饱经战乱的老百姓来说，只要能让自己吃饱穿暖、安居乐业就行了，用不着费多大心思考虑政治归属。但是，对于社会的精英，受到过高等教育而又掌握了一定社会资源的人来说，何去何从还真是个需要认真思考的问题。

虽然没有直接加入某个党派，但是作为著名银行家、民族资本家的代表人物，陈光甫的名望之高让国共两党都无法忽视，能争取到他的加盟无疑是一次政治上的胜利。如果按照屈原大夫的"香草美人"来比喻，那么陈光甫就是"灵芝仙草""绝代佳人"，他同时得到了两党最高领导人的青睐。

在国共两党之间彷徨了一年多之后，陈光甫选择避居香港，并将事业的重心逐渐转移到了香港和台湾。

附　中国需要什么样的金融家

这个炎热的夏天，"钱荒"成为中国社会的流行词。此次"钱荒"事件发生于中国银行业中，于是银行与企业、商业及大众的关系，第一次真实、生动地出现在生活之中，而不仅仅停留在专家笔下或者新闻播音员的口中。

现代社会是商业社会，人们离不开银行，离不开金融。以银行业为主业的企业家，称银行家。银行家再进一步发展，就是金融家。

现代金融的核心是跨时间、跨空间的价值交换。所有涉及价值或者收入在不同时间、不同空间之间进行配置的交易都是金融交易。按照这样的逻辑，进行种种金融交易的行家就是金融家。

经常有人叹息，中国奇缺优秀的银行家，更遑论优秀的金融家。其实，这个说法也对也不对。半个世纪以来，银行界与金融界真正的领袖的确罕见。但是，在近百年前，以陈光甫为代表的华人银行家表现得非常出色，他们打造的华资银行由无到有、由小到大，历经内战、抗战还能顽强地生存、成长，并与国际各大金融机构在中国市场上周旋，这些努力与成就令人肃然起敬。

我们可以看到，现代真正的银行家要有服务精神，要有担当与责任感。真正的金融家要有创新意识，同时要有强大的风险控制与业务运营能力。这几点，在陈光甫身上都能充分体现。而且他商而优则仕，由成功的民营银行创办人，到进入政府主持币制改革大业，并与美国等外国政商博弈……这一切，都为中华民国经济"白银时代"的繁荣做出了巨大贡献。

陈光甫出身寒微，但是依靠勤奋与智慧，在80年前，成为了一个国际瞩目的华人金融家。陈光甫还在抗日战争期间，忍辱负重，游说各国政府与各种国际组织，为民国政府争取到了难得的国际援助。仅此一点，他就足以与其他行业的民族企业家比肩。更难能可贵的是，他虽然任职政府，但是不依附权力，不取悦权贵，所以到了70多岁的高龄，他还要为自己创办的银行的权益而在大洋两岸奔走，晚节不亏。

可以说，在过去百年的商业史之中，陈光甫是被严重低估的企业家。他以专业的金融理论和广阔的现代视野，一直活跃在民国金融界前沿。曾有沃顿商学院的财务专家断言其是银行业很少出现伟大的企业家。金融家大都是保守派，但是保守一点总是好的。这些话至少对了一半。2008年的美国次贷危机爆发，大批金融业内的创新被证明是包着糖衣的毒药，引发了波及全球大部分国家的金融海啸，给各个经济体及大众带来的创伤至今未愈。这确实是美国金融创新过度、管制太松所致，但是中国的金融业问题跟美国的情况正好相反。中国的金融管制太多、太死，垄断无处不在，许多银行经营者短视、保守、落伍。因此，当我们看到这些新闻——2012年的"吴英非法集资案"与"温州民企担保链断裂"，2013年8月的"光大证券乌龙"与"卖保险的短裙美女席卷五亿元跑路"等消息时，不禁苦笑，同时更加唏嘘。

利率市场化、汇率市场化、资本账户的开放、民间金融的开放、证券市场的规范，这些都是中国金融业亟须进行的改革。此时，我们重温陈光甫的一生，就是对金融从业者们的国际视野、专业能力与职业操守的期许。我们也希望中国的今天与未来能够出现更多像陈光甫这样有魄力、有才华的金融家。

席正甫的高明之处在于他可以拒绝高官的诱惑，但他不会故作清高，不刻意与高官的圈子保持距离。相反，席正甫正因为身在局外，反倒更能利用自己自由人的身份，与大清的官僚们保持着密切的交往。

席正甫：缔造金融家族的教父

文/十二叔

1857年，正处于变革与转型中的上海迎来了19岁的苏州洞庭东山小伙子席正甫。此时，不管是上海还是席正甫，都没有预料到一座城市与一个人会产生如此密切的联系。若干年以后，席正甫在以上海为背景的金融舞台上亮相；而上海因为有了以席正甫为首的众多买办，国际化发展的步子迈得更大，逐渐取代了北京、天津、广州等传统的商业城市，成为全中国最为繁荣的黄金之地。几十年之后，席正甫在上海过世，丧礼的排场之大，成为上海滩市民们多年的话题。

席正甫生于商业世家，本该是含着"金汤匙"出生的"富二代"。可是，他的父亲席元乐去世得比较早，偌大的家业缺少当家人的料理，家境逐渐衰败下来。席正甫4岁丧母，13岁丧父，之后一直跟随继母沈氏和两个弟弟一起生活。虽然席正甫只念过几年私塾，没有接受过正统的学校教育或者经营管理方面的培训，但他在经商方面的天赋很快就显露了出来。19岁的时候，他告别继母，扛着一卷铺盖来到上海闯荡。

席正甫到上海后去钱庄做了学徒。当时，钱庄业正是鼎盛发展期，洋行急剧增多，中外贸易额逐年增加。凭着天生的商业嗅觉，他学到的生意经比别人扎实得多。做了三年学徒之后，席正甫已经对钱庄的所有业务烂熟于心，他决定自己开一家钱庄，重振父亲生前的雄风，让席家再次辉煌起来。

如果是普通的小伙计，做了几年学徒就想自己开钱庄，那是痴人说梦。但是席正甫不一样，他是东山席家的二少爷，虽然家道中落，但是瘦死的骆驼比马大，席家还有不少地产可以变卖。于是，22岁的席正甫用席家的部分家产在上海开办了一家属于自己、属于席家的钱庄。

在经营钱庄的过程中，席正甫敏锐地发现来上海的商户中，广东人占了半数以上。为了拉近与广东商人的距离，他开始学粤语。很快，广州商圈的人们都认识了这位年轻老板，纷纷把钱存进了他的钱庄。粤语速成之后，席正甫又悄悄地学起了英语。因为经营钱庄有着与洋行打交道的便利条件，席正甫的英语听说能力进步神速。

不过，席正甫能在上海金融界占有一席之地，带领自己的家族走出东山、扎根上海，与其做了汇丰银行的买办大有关系。

1866年，席正甫的舅舅沈二园受汇丰银行上海分行的第一任买办王槐山嘱托，为其物色一位聪明、机灵且懂洋文的助手。沈二园把这份肥差留给了自己最喜欢的外甥席正甫。

那一年，席正甫28岁，正在经营自己的钱庄。钱庄规模不大，可后劲十足，但身在局中的席正甫比旁人更加清楚，上海的钱庄业对洋行、外国银行的依赖性越来越强，钱庄的前景不像很多人期待的那样美好。尤其是1866年上海发生了一次金融风暴之后，汇丰银行以后来者居上的姿态超过了其他几家外资银行，形成了"沪上洋行多靠汇丰"的局面。

经过一番审时度势之后，席正甫毅然放弃了钱庄老板的身份，进入汇丰银行，做了王槐山的个人助理。正是因为这个决定，在以后的几十年间，以席正甫为核心的洞庭东山席氏家族成为中国金融界中影响力巨大的一个买办之家。

王槐山待席正甫不错，从没有给过他难堪。可是，席正甫知道自己与王槐山的分歧在于两个人有着完全不同的心态和世界观，甚至可以说就是两个世界的人。

在做生意方面，席正甫对上司过于保守谨慎、不敢揽下大生意的态度不能苟同。他尤其听不惯的是王槐山经常对身边人唠叨"洋场今虽繁华，但就好比戏文一出，过眼云烟。一曲唱罢，人就散了，长不了啊"之类的话。

对于当时的银行、洋行来说，与朝廷搭上关系、发生关联才是最大的生意。可王槐山做事保守，非常不喜欢与朝廷接触，不习惯和清政府的官员打交道，因此失去了不少做大买卖的机会。席正甫作为王槐山的助理，每次奉上司之命推掉送上门的政府买卖时，都会无比惋惜。

然而，就在席正甫一心想做成一桩与朝廷有关的大生意时，一个好机会送上了门。

　　那是1874年，清政府在镇压太平天国运动之后国库空虚，眼看中法战争爆发在即，本来并不喜欢向外国人开口借钱的李鸿章实在想不出什么好办法，在奏请了慈禧太后以后，派自己的亲信、天津海关道孙竹堂到上海向风头正盛的英资汇丰银行借500万两银子。

　　500万两白银无论放在何时何地都是一个巨额数字，汇丰银行大班麦克利出于对买办王槐山的信任，令他负责接洽清政府派来的代表。

　　此次谈判对于王槐山来说，成与不成还在其次，重要的是从未与朝廷打过交道的他心里没底。直接拒绝肯定不行，为此得罪了朝廷的话，他以后怎么在国内立足？这次借款涉及的金额太大，时间太长，万一英国老板不同意，他不是很没面子吗？再往后退一步，万一收不回来这笔贷款，他就是倾家荡产也赔不起。忧心忡忡的王槐山最后决定派席正甫出马，他觉得自己没有亲自参与，即便出了什么事，自己的责任也小一些。其实这只是王槐山的自我安慰。

　　此次"福建海防借款"对于王槐山来说是一次转折，只不过这一次是急转直下。没能亲自促成这一借款大事，令他失去了汇丰银行买办的位子，紧接着失意的王槐山回到余姚老家养老，不到三年就因中风去世了。

　　同样是这件事，对于席正甫来说就大不一样了。他不知道，正是这一次谈判的成功奠定了他日后取代王槐山、成为汇丰银行大买席家最辉煌的时候，整个上海滩洋行林立，有超过一半的外资银行高薪聘用的买办都来自这个金融大家族。

办的基础。

对于此次谈判席正甫很有信心。他分析既然本次借款事宜是朝廷主动提出的，那就是说朝廷是有求于汇丰银行的，自己正好可以借此机会沟通好汇丰银行与朝廷的关系。他推断朝廷请汇丰银行到天津谈判的焦点不在于借不借款，而是想确定借款的期限和利率问题。想通了关键的一点，席正甫满怀信心踏上了北上天津的旅程。

有人可能不太明白，为什么代表朝廷的一方把谈判地点设在了天津而非都城北京。那是因为天津是北洋重臣李鸿章的地盘，而此次"福建台防借款"背后的"主持人"就是李鸿章，所以到天津见面非常有必要。

到了天津之后，席正甫发现中法战争迫在眉睫了。一旦开战，清政府肯定需要购买大量军火。可是朝廷没钱，购买军火的款项势必要向外国银行借。也就是说，不管汇丰银行答不答应，朝廷都会向外商银行开口。当时中国可不仅有汇丰银行一家外资银行，丽如银行、麦加利银行、法兰西银行等也极有可能是清廷为此次谈判准备好的"备胎"。一旦与汇丰银行谈不拢，他们必定会选择别家银行进行合作。这是最为重要的一点，也是席正甫将要面临的正式谈判的前提。席正甫决定把握好这次机会，既能让朝廷得到想要的借款，又能让汇丰银行赚上一笔，从此搭上政府这条线。

接下来，席正甫要做的就是与汇丰银行天津分行的职员们搞好关系。毕竟天津分行的人才是与孙竹堂最早接触的当事人，没有人比他们更了解清政府的真实意图。通过天津分行的人，席正甫掌握了第一手材料，再比照他在上海时对局势的分析，心中更添了几分胜算。

做完这一切准备活动之后，他才同天津分行的洋人大班一起面对孙竹堂，与对方进行了几次试探性质的接触。因为这笔借款牵扯到的款项过于巨大，一点的差错都不允许。汇丰银行和清政府作为谈判双方，谁都不肯轻易让步，不敢轻易承诺什么或者轻易接受对方提出的条件。席正甫从一开始就预料到，谈判的焦点在于利率。如果能够谈判成功，一定是借款利率符合了双方的心理预期。如果谈判失败，也必定是利率不合适，而非其他的原因。

谈判过程中，席正甫高超的谈判技巧、圆滑的交际手腕以及他开钱庄时积累的丰厚的人脉关系都得到了充分的展示，给李鸿章、孙竹堂留下了极为深刻的印象。他没有答应孙竹堂提出的500万两银子的全部要求，而是打了个折，同意借给对方200万两银子。200万两并不是漫天要价，就地还钱的随口一说，而是席正甫和汇丰银行的当家人商量之后，做出的比较科学的决定。因为他们推断对方提出500万两也是留有余地的，并非对这笔巨款势在必得。200万两算是居中，两方都好交代。清政府一方能借来上百万两的银子，自然没有异议，汇丰银行也比较满意这个相对保守一点的数额。

席正甫对清政府谈判代表的心理拿捏之准，让后世的金融学家们都感到震惊，感叹他真是天生的谈判专家。

最令汇丰银行方面兴奋的是席正甫竟然让清政府答应以盐税作担保，还付出了年息8厘的高息，签订了长达十年的借款合同。要知道，当时汇丰银行并不是没有向外放过款，但是没有一次利息能达到年息8厘之高，这个数字比同期外国银行在华放款的平均利率高出了30%。这也可以看出清政府确实国库空虚，走投无路，到了非外国银行借款无以度日的地步。

如果把此次借款看作一次单纯的生意，汇丰银行确实从中赚了不少钱。至少十年的高利息有中国的盐税作担保是跑不掉的。事实上，福建海防借款的成功带给汇丰的好处远不止经济利益这么简单。它开创了汇丰银行与中国政府直接打交道的先河，成为汇丰银行来到中国的第一笔政治借款，其象征意义非同小可。通过此次合作，汇丰银行已凌驾于其他竞争对手之上，成为清政府今后合作的首选银行，让汇丰银行的影响力在中国扩大了数倍。据统计，1874年到1890年不到20年的时间里，清政府共借了26笔外债，金额高达四千多万两白银。其中仅汇丰银行一家就承担了两千八百多万两，超过了政府贷款总额的七成。

将汇丰银行从财政窘境中解脱出来，席正甫功不可没。没有他极力促成福建海防借款的话，也许汇丰银行的股东们还要等几年才能让腰包再次鼓起来。此外，席正甫在此次谈判之后名利双收，扬名官场和金融圈自不必说，单是从中赚得的回扣也足以让其他银行的买办们眼红不已。

就这样，席正甫一举成名，不久就顶替了王槐山成为汇丰银行的第二任买办，并在这个位置上一干就是30年，并把他的儿孙都拉到汇丰来做买办，祖孙三代为同一家银行服务了55年。

席正甫不但是汇丰银行的"摇钱树"，还是晚清官场中众多风云人物的座上宾。

在19世纪末的晚清政府中，权势滔天的大佬不是曾经骄横跋扈的八旗老爷们，而是两位汉臣——合肥李鸿章与湘阴左宗棠。两位大人物分别掌控了满清政府的海防和边防，在朝廷的权威几乎无人能够挑战。

偏偏李鸿章和左宗棠并不是一条战线上的盟友，两个人之间有太多不可调和的矛盾，也许这就是所有同时代的顶尖人才不可避免的"既生瑜，何生亮"的悲剧。19世纪六七十年代，清政府面临严重的边疆危机。西北边塞告急、东南沿海也告急，与此同时国库已经一贫如洗。李鸿章代表"海防派"主张放弃新疆，以海军为重；左宗棠则坚持边疆不可废，政府所有的"饷筹"应该优先保证对新疆的支援。所以，李、左二人的较量既关乎个人面子，又关乎国家利益，其水火不相容的态势天下皆知。

有趣的是，李鸿章与左宗棠在派系纷争上、国策制定上矛盾重重，唯独在对待席正甫的态度上却是惊人的一致——两个人都不惜屈尊降贵，极力拉拢这位代表外国银行资本的大红人。那么，到底是席正甫本人还是他的买办身份产生了如此巨大的吸引力呢？

从后来一系列由席正甫促成的巨额借款事件来看，汇丰银行买办的身份是他引起李、左注意的先决条件，而他本人为人处世的手段也是不可或缺的。设想一下，没有席正甫的汇丰银行，也许经过多年的发展之后，依然能在众多的外资银行中脱颖而出，但其扩张的步伐一定会有所减慢；而长袖善舞的席正甫如果加入了其他的外资银行做买办，很有可能会成就另一家享誉中国的银行。

谈妥天津贷款之后，席正甫就引起了李鸿章的好感。要知道，李鸿章早期是很不赞同向外国人借款的，他认为那样做有失国体。可是随着国库的日益空虚，李鸿章再是"巧妇"，也"难为无米之炊"了。换句话说，再筹不到银子，他的"乌纱帽"就难保了。迫于无奈的李鸿章只好转变思路，成为向外资银行借款的积极倡导者。

尽管大清腐败、国库空虚，但不妨碍当时社会确实产生了一批善于创造、积累财富的高手。各大洋行的买办是一个群体，江浙籍的富商也是朝廷大员们极为重视的一批"财神爷"。李鸿章格外看重席正甫的原因是当意识到借款重要的时候，江浙籍的有钱人早就被左宗棠捷足先登，拉拢过去了，他只能把眼光盯在新开埠的上海滩，盯在那里的大买办身上。

席正甫很聪明，对李鸿章的拉拢没有沾沾自喜，不得意、不张狂，这反倒让李鸿章另眼相看。后期李鸿章和左宗棠都觉得单给席正甫虚衔有点过意不去，两个人都很热切地劝他到北京当官，保证一定能给他授个实权。可是席正甫坚决不去。

席正甫的高明之处在于他可以拒绝高官的诱惑，但他不会故作清高，不刻意与高官的圈子保持距离。相反，席正甫正因为身在局外，反倒更能利用自己自由人的身份，与大清的官僚们保持着密切的交往。他与李鸿章关系匪浅，与左宗棠的相处也羡煞旁人。

左宗棠对席正甫高看一眼，同样是出于感谢对方帮他促成了席正甫不但是汇丰银行的"摇钱树"，还是晚清官场中众多风云人物的座上宾。

数次"西征"筹款的情分。身为陕甘总督的左宗棠，每到上海都会拜会两个人。其中一个是他的"财政大臣"兼"后勤部长"胡雪岩，另一个人就是汇丰银行的买办席正甫。左宗棠与胡雪岩的关系密切不是秘密，走动频繁不算惊奇。那么席正甫到底做了什么能让左宗棠如此折节下交，不但多次保举他入朝为官，还时常关心席家的家事呢？就两人多年的交往来看，席正甫作为汇丰银行首席买办的身份只是其一，他洞明世事的本事也到了非常高明的境界。

左宗棠的一生功绩与新疆平叛紧紧连在一起。由于新疆独特的地理位置，英、俄两国都对其虎视眈眈，企图通过控制新疆达到掌握中亚的目的。1864年，在英、俄的分别支持下，新疆发生了内讧，分裂为南疆和北疆。为了收复新疆，左宗棠仿效古人抬棺出征，说他爱国也好、作秀也好，最后的结果是左宗棠取得了胜利。

西征平叛胜利几乎是左宗棠政治履历上最为光彩的一笔，其中六次西征借款的作用不言而喻。如果没有雄厚的经济实力做后盾，那么打胜仗几乎就是空谈。其实，左宗棠西征借款中，前三次的借款对象并非汇丰银行，而是老牌的怡和洋行以及丽如银行等机构；但是托马斯·杰克逊上位、席正甫成为汇丰银行的买办之后，后三次贷款都是席正甫一手经办，总额达到了1 075万两白银。

汇丰银行承揽的三次西征借款的利息都远高于市面上其他银行的利息。几次贷款下来，不但汇丰银行获利极大，而且席正甫、胡雪岩等经手人也因为这总额1 000多万两的借款而赚了不少。对照当时国际通用的借款利率（年息3%），我们发现左宗棠、胡雪岩他们向汇丰银行借款的利率高出很多，最高的一笔甚至达到当时基准利率的六倍之多（18%）。汇丰银行收取的贷款利率也很不客气，基本上按8%来操作的。

尽管有李鸿章主持的福建海防借款才是汇丰银行与清政府之间的第一笔政治贷款，但是左宗棠奉命西征新疆、平定阿古柏之乱所借的外债才是汇丰银行对清政府产生更大影响力的开端。

提到晚清的商界，盛宣怀又是无论如何都绕不开的一个名字。尤其是这个人亦官亦商的身份、与李鸿章和左宗棠两位重臣亲密合作的盟友身份无法不引起大家的关注。

席正甫与盛宣怀的密切关系更多是出于自身利益和自身所代表的幕后利益的考虑，这些看起来很世俗的牵绊反倒比单纯的个人感情更加牢固和长久。

李鸿章要笼络席正甫，盛宣怀与席正甫的关系自然异常密切。据说凡是席正甫提出的要求，盛宣怀无不满足，就连席氏家族的许多亲友的工作问题也由盛宣怀一一安排妥当。有能力的进银行做买办，席正甫可以做主；剩下的能力不强的都进官府内做事，这都是盛宣怀一句话的事。

一件并不算广为人知的事实更是揭示了盛宣怀与席正甫非同寻常的交情。盛宣怀在打垮胡雪岩后，成立了中国第一家现代银行——

中国通商银行，席正甫正是主要的幕后支持者。而盛宣怀的账单上，令人瞩目地存在着与席正甫相关的"汇丰银行英镑与银账"字样。1897年，中国通商银行宣告成立，它不但是中国人自办的第一家现代银行，同时也是在外资银行林立的上海最早开门营业的中资银行。宁波大商人叶澄衷、严信厚和朱葆三等人是中国通商银行名义上的大股东，但经营大权还是在代表官方立场的盛宣怀手中。

后来，当盛宣怀筹建大清户部银行的时候，又是席正甫出面，凭借自己多年以来在外资银行做买办的丰富经验，"深入指导"了银行的具体运作。1905年，大清户部银行成立于北京，是"中国银行"的前身。它与"商办"的中国通商银行不同，大清户部银行是中国最早的官方银行，其成立的目的就是"整顿币制、推行纸币，以济财政"。现代商场有"职业经理人"的叫法，席正甫就是一个十分称职的"职业经理人"。盛宣怀筹建银行，表面上没席正甫什么事，可在实际操作当中，席正甫却深度参与其中。

当时的清廷户部草拟了试办银行的三十二条章程，鉴于席正甫在外商银行做事多年，有丰富的银行从业经验，所以户部邀请了席正甫一同参与筹建户部银行。在这个过程中，席正甫又认识了不少负责筹建的官员，再加上席正甫本身已有较高的社会地位，在官场中的声望也不小，于是他的几个儿子也很顺利地参与到了大清户部银行的筹建事宜中，并先后对其入股投资。

不说别的，单看席家对银行股本的认购就能看出他对盛宣怀支持的力度有多大。当时大清户部银行的股本，一半是由户部出资，剩下的一半则由私人认购。一百多年前，能有胆量、有资金认购银行股本的人家并不多见，席家却是其中之一。席正甫的几个儿子都入股了，长子席立功更是在大清户部银行连续开了几个股户，以不同的身份认购了1 320股之多。三子席裕光还出任了银行副经理一职。1908年2月，户部银行改称大清银行之后，除了已经在上海做协理的席裕光之外，席正甫的次子和六子也分别担任了大清银行营口和汉口的分行经理职务。1912年，大清银行改组为中国银行，席家就是中国银行的幕后"东家"之一。席家在银行界的影响力以及他与盛宣怀之间的利益互助可见一斑。

尽管成为政界大佬们的座上宾，但聪明、谨慎的席正甫并没有到飘摇欲坠的晚清政府做官。他认为，只有把汇丰银行的业务做好，才是自己在金融圈立足的根本。有了这个想法之后，他越来越重视自己生存和发展的根基，极力化解汇丰银行与怡和洋行的宿怨，并使两家联手，达成属于强者之间的默契。

在汇丰银行成立之前，怡和洋行已经在上海开展了汇兑业务，不仅经手一般的商业汇款，连英国政府的汇款也都包揽了。除此之外，怡和洋行还积极贷款给中国的钱庄和地方政府，与上海70多家钱庄和许多地方政府保持着密切的联系。

到19世纪50年代，怡和洋行在上海滩几乎把持了整个中国的国际汇兑业务和国内大部分贷款业务。然而在1864年到1874年这十年中，新闯入者汇丰银行与怡和洋行这家旧的洋行代表之间冲突不断、嫌隙不断。直到约翰·凯瑟克上台改变了竞争策略，两家经济航母才有了冰释前嫌、握手言和的可能。怡和洋行是由大班约翰·凯瑟克出面，汇丰银行除了大班托马斯·杰克逊之外，就是刚刚上任的买办席正甫了。为了消除汇丰银行和怡和洋行的矛盾，席正甫也是煞费苦心。

约翰·凯瑟克是个精明的商人。他深知大量外商银行在汇兑、贷款等业务上的发展，必将影响自身已经开创的国际汇兑、国内贷款业务大好局面，与汇丰银行之间的一系列博弈也都是两败俱伤，没有丝毫的价值。此时，外商银行与大洋行争夺外汇业务的竞争也日益激烈，怡和在外汇业务上的霸主地位已然被动摇，而汇丰银行的业务则正在蒸蒸日上。权衡利弊后，怡和洋行也开始设法改善与汇丰的关系。约翰·凯瑟克希望能够找个机会与汇丰银行的当家人一起坐下来好好聊一聊，放弃争斗、握手言和或许能达到双赢的结局。

与此同时，汇丰银行也意识到了这一点。后来，随着中外贸易周转的时间一步步缩短，贸易资金的流转速度显著加快。汇丰认识到开展押汇贷款和票据贴现业务的重要性，而这些业务大都掌握在怡和手中。客观形势的变化让汇丰感到有与怡和洋行合作的必要。怡和与汇丰关系的改善看起来是两大外商企业之间的事，与中国买办之间关系不大。实则恰恰相反，在因缘际会之下，席正甫竟成了汇丰与怡和携手的关键人物。

事情是这样的：一天早上，席正甫和往常一样坐着马车赶去银行上班，途中却有一群人挡住了去路。席正甫下车前去探个究竟，发现大家正围着一位中年洋人，指责、谩骂、冷眼旁观者皆有。席正甫问旁边的人发生何事，有人就说这个洋人买了小吃摊的包子不给钱，拿一个洋玩意儿顶银子，摊主不同意，两人遂起了争执。席正甫问是什么洋玩意儿，旁边的人都表示不认识。

席正甫在上海滩混迹了这么多年，自然认识了不少洋人和洋玩意儿，英语水平在国人中也算得上流利。他觉得自己或许可以解决这件纠纷。席正甫奋力挤到小吃摊摊主和中年洋人身边，才知道原来大家口中的"洋玩意儿"是一块怀表。一块精致的怀表与几个包子相比，谁吃亏谁占便宜显而易见的。偏偏摊主并不认识怀表，这才闹了乱子。

席正甫就替这位忘了带银子的洋人付了包子钱，还把怀表要回来还给了洋人。让人意想不到的是，这样一件小事却将席正甫与怡和洋行紧密联系到了一起。原来，那位吃了包子却没带钱的洋人就是怡和洋行的新任大班约翰·凯瑟克。不过，在大街上的萍水相逢之后，两个人并没有互相介绍，也不知道在不久的将来，两人之间会有更加深入的交流与合作。

一次，约翰·凯瑟克主动来到汇丰银行拜访，准备与汇丰大班就合作事宜进行初步洽谈。经过汇丰买办间时，他不经意向里面瞟了一眼，无意中发现上次帮他在马路边解决困难的那个会说英语的中国人。打听之下知道这位急公好义的人就是席正甫，是汇丰银行的首席买办。约翰·凯瑟克发现汇丰的买办是自己的"恩人"后，便向汇丰大班托马斯·杰克逊提出派席正甫与其接洽，商谈怡和洋行与汇丰的合作事宜。托马斯·杰克逊不明白其中之意，问约翰·凯瑟克这是为何。约翰·凯瑟克神秘地回答道："我与席买办有缘！"托马斯·杰克逊没有在这方面刨根问底，而是很大度地答应了约翰·凯瑟克的要求。几次简单的交流后，约翰·凯瑟克与席正甫开始进入主题，商谈合作之事。约翰·凯瑟克觉得自己与席正甫有缘，除了席正甫曾帮助过他以外，还因为他们俩有许多共同之处——他们都重情重义，又都十分敬业。尤其难能可贵的是在商讨合作事宜时，谈判的两人没有因为私交甚好而随便敷衍，而是尽量公事公办，为自己所在的企业争取最大利益。这一过程中，席正甫拿出了他曾给大清朝廷办贷款时的气势，底气十足地向约翰·凯瑟克陈述汇丰已经占有的得天独厚的优势以及怡和与汇丰的合作对双方都有哪些好处。

约翰·凯瑟克也知道与汇丰的合作已是大势所趋，问题只在于用何种方式进行合作。汇丰提出的条件是让他加入汇丰董事局，约翰·凯瑟克也有此计划，希望汇丰大班能够入股怡和。双方都做了这样的考虑：你入股我的企业，我的生死就关系到你的切身利益，如此一来，你自然不会做出不利于我的举动，双方和睦关系就能维持得长久一些，而我还能拥有较多主动权，不会事事受你牵制。

最后，在席正甫的努力下，谈判以怡和大班约翰·凯瑟克加入汇丰董事局而圆满结束。能够达成这一成果，固然有约翰·凯瑟克意识到汇丰银行的前景广阔的因素，但是我们不能否认席正甫在这次合作中起到了很大的作用。因为约翰·凯瑟克相信席正甫，一直在强调他敬佩席正甫的胆识与卓越的商业谈判技巧。他认为，既然汇丰能委任席正甫这样有胆有识、重情重义的人为买办，那汇丰还是值得信赖的，他们的友好合作关系应该可以长久维持。

之后的事实证明，约翰·凯瑟克的判断是正确的。

1877年，两大英资财团——汇丰银行和怡和洋行终于冰释前嫌，走到一起，开始了两个强者之间的默契合作。约翰·凯瑟克通过出任汇丰董事，结束了自1865年以来存在于汇丰与怡和之间的矛盾，此事在当时的上海滩成为生意场上的头条新闻，而席正甫也因此而变得大名鼎鼎。

席正甫能够化解汇丰与怡和洋行间的矛盾，不仅显示了席正甫的商业才华，也向世人证明人品对于个人的命运有时候会发挥意想不到的作用。这件事虽不是席正甫一生中最值得炫耀的商业历程，但也为汇丰、为怡和、为他自己争取到了丰厚的利益，为他的买办生涯增添了华丽的一笔。

成为红遍上海滩的大买办之后，席正甫开始谋求更多的"创富"之路——开钱庄、入股银行、开银楼，在自己熟悉的领域赚钱。这为整个席氏家族奠定了买办事业大厦的基础，让一个家族屹立在上海滩半个多世纪岿然不动。

附　金融奇才席正甫

在中国近代史中的很长一段时间里，"买办"都是一个遭人鄙视的词语，买办资产阶级更被定性为旧中国的"三座大山"之一。然而，一百年前的人们对待买办的心态更多的是羡慕、嫉妒、恨。洋行和外资银行的买办因为地位高、收入高，成为士、农、工、商之外"别立一业"的特殊阶层。

客观一点地说，买办不过是顺应历史、应运而生的一个职业罢了，无所谓落后还是先进。

在那个动荡、变迁的特殊时期，买办们也无法掌握自己的命运。他们不过是一群熟悉东西方之间的差异而又洞悉商海内情的时代弄潮儿，是那个年代连接中外贸易的桥梁。

席氏家族就是近代中国买办中极具代表性的买办世家。席家最辉煌的时候，整个上海滩洋行林立，有超过一半的外资银行高薪聘用的买办都来自这个金融大家族。剩下的一半，也大多是席家的亲朋故旧。毫不夸张地说，一百年前的洞庭东山席氏家族几乎掌握了上海滩一半的资金流向。是谁把席家推上了这样的巅峰？又是谁让这个本应该赫赫有名的金融世家长久地沉寂？这个人就是席氏家族的核心，他叫席正甫。

说起晚清的著名买办，唐廷枢、徐润、郑观应等名字，大家都耳熟能详，可是与上面几位先生并称为"四大买办"的席正甫，却很少有人知道。席正甫生性谨慎，不喜欢抛头露面，却享受在幕后的运筹帷幄。

百年前，上海所有的外资银行中，以英资汇丰银行实力最强。席正甫就是汇丰银行最为成功的买办，他连同自己的儿孙，影响了汇丰银行长达半个世纪的在华业务。他代表汇丰银行与清政府达成了一系列的借款合同，他是李鸿章和左宗棠争相拉拢的座上宾，他是盛宣怀和胡雪岩极力结交的财神爷，他与当时的上海道台称兄道弟。当席正甫这个买办与汇丰银行的总经理发生矛盾时，银行总部会毫不犹豫地炒掉总经理，以讨好席正甫。他是洞庭席氏家族的灵魂人物，他令始祖席温千年之后荣耀不减。

席正甫不是白手起家，他是洞庭席氏家族的二少爷，但他也是靠自己的努力，打拼出了金融帝国。因为这个传承千年的大家族除了给他善于经商的血统之外，并没有留给他任何创业的资本。席正甫从钱庄学徒做起，一步步融入金融世界；从汇丰银行跑街做起，一步步迈向买办王国。成为汇丰银行不可或缺的臂膀后，他又重新回归钱庄界，成为银行、钱庄、银楼、金号通吃的金融奇才。

这是一段容易被遗忘的光辉岁月，这是一个容易被忽略的金融世家。

> "他们利用了旧制度的瓦砾来建造新社会的大厦，尽管他们并不情愿这样做。"

鲁商：齐鲁大地上的商界大亨们

文/山东商报社

中国自公元前七世纪开始，就逐渐演化成了一个国家资本空前强大的中央集权型国家，政权通过对关键性生产资料的控制来增加收入和体现控制力，在这样的体制内，商帮文化是一个异端。到有清一代，围绕着几个重要的产业，相继产生了几个大的带有明显地域人文特征的商人群体，用托克维尔的话说："他们利用了旧制度的瓦砾来建造新社会的大厦，尽管他们并不情愿这样做。"

在这些商帮当中，鲁商虽不如晋商、徽商那般辉煌，但兴盛时也曾控制北京乃至华北地区的绸缎布匹、粮食批发零售、餐饮等行业，特别是在东北地区，鲁商有着地缘、人缘的便利，曾在那片

"商场"上纵横驰骋，名重一方。

穿越百年风尘，我们看到在晚清至民国间，鲁商以自己独特的姿态开疆拓土，逐浪商海，成为构建近、现代经济社会的一支重要力量。

张弼士：百年前靠"广告轰炸"开创中国葡萄酒业

一个多世纪以前，葡萄酒，这种色泽殷红、口味酸涩的液体，曾一度引起人们的无限好奇。而一百多年后的今天，当初的舶来品已经成为国人高档饮食文化的一部分。正因如此，葡萄酒业已成为目前中国最有市场的现代产业之一，而且在世界葡萄酒版图中占有一席之地。

而开启中国百年葡萄酒史的正是19世纪末中国最炙手可热的红顶商人、"中国葡萄酒之父"张弼士。这位当时中国最成功的商人在进入"知天命"之年后的第二年——1892年创建了"张裕葡萄酿酒公司"，并历经22年建成中国第一个、亚洲排名第一、世界排名第三的葡萄酒工业基地。

借"名人效应"迅速步入巅峰

聘请影视、体育明星代言，借助电视、报纸、广播等媒体资源全方位"广告轰炸"是当今企业迅速打开市场的不二法宝。值得回味的是，百年前张弼士正是通过"名人效应"与广告宣传迎来张裕发展史上的第一段辉煌。

1914年，历经四易酿酒师、两度引种西洋葡萄苗、搭建"现代张裕以其优良的品质蜚声海外，在著名的《牛津词典》上，被收录的唯一一家中国葡萄酒企业即为张裕。

化"酿酒车间的挫折与劳苦后，张弼士完成了他葡萄酒大业的最后一块拼图——张裕"双麒麟"牌商标通过工商注册。同时，张裕正式对外营业。

作为一家新企业，如何迅速打开市场实现可观销售业绩是张裕面临的最大课题。但是，自开业那一刻开始，张裕酿酒公司即拥有其他公司无法比拟的优势：名人资源。

作为张裕的创始人，张弼士本人就是这个世界葡萄酒界新兵的最大"无形资产"。在当时，张弼士已是"政商通吃"的大腕级人物。可以说正是张数十年驰骋商、政两界所积累的人脉资源，成就了1910年代的张裕。

因家境贫寒且家庭遭遇变故，18岁时张弼士即离开家乡广东大埔只身前往南洋"寻梦"。过人的经商天赋让他以最快的速度挖掘着南洋遍地的"金矿"。全盛时期的张弼士全部资产已达到8 000万银元，是名副其实的华人首富。其在南洋商界可谓家喻户晓。

借助张弼士个人的巨大影响，张裕很快在新加坡、槟榔屿、巴达维亚、万隆、日里、曼谷、河内等南洋华侨集中地打开了市场，而且销售市场扩及菲律宾、加拿大和中、南美各地的华侨地区。影响所及，连俄国酒商每年都多有订货。

在国内，由于多财善贾、声望卓著，张弼士也受到了清廷的器重，并先后在清廷和民国政府担任要职。孙中山和革命先驱康有为曾先后造访张弼士位于烟台的葡萄酒庄，并分别为其作诗题字。

在当时以饮洋酒为阔绰的国内上层社会，张弼士煞费苦心地开发出以张裕葡萄酒为配剂的三种鸡尾酒布郎司、淡马丁尼和红太阳升。这三种鸡尾酒当时颇受上流社会的青睐。这也为张裕葡萄酒迅速打开了市场。

当然，今天司空见惯的媒体广告宣传也被张弼士在当时应用得淋漓尽致。报纸上登广告，车站、码头书画巨幅广告，特制酒杯分赠茶楼酒馆；每逢节日，车载装潢美观的酒樽串街过巷，沿途分赠小瓶白兰地，招揽顾客；同时印宣传小册、仿单、名人题词等，到处赠送。

风味独特斩获万国博览会金奖

到1914年，张裕公司不过22年的历史，但张弼士已是74岁高龄。

应美国总统的邀请，当时的民国政府决定选派工商界领袖人物、张裕公司创办人张弼士出任"游美商业报聘团团长"，将包括张裕葡萄酒在内的中国展品送往美国参展。

1914年12月6日，张弼士率40余人的报聘团从上海出发，坐轮船20多天后抵达旧金山。这是中国首次派团亮相国际舞台。之后，张弼士还率团拜访白宫，得到时任美国总统伍德罗·威尔逊的接见，被美国媒体称为中国的"洛克菲勒"。

次年2月20日，旧金山宝石大厦，美国总统伍德罗·威尔逊为万国博览会隆重揭幕，来自31个国家的20多万件展品分别在11个展馆展出。当时中国的参展商品主要有茶叶、瓷器、丝绸、白酒和张裕葡萄酒，共有4 000多件。

2月25日，美国总统伍德罗·威尔逊、副总统托马斯·马歇尔及前总统西奥多·罗斯福及各界要员再次光临中国馆，并品尝了中国参展的十多种名酒，对风味独特的中国名酒赞不绝口。

外商对中国的茶叶、瓷器、丝绸早已熟悉，但对中国的葡萄酒还闻所未闻。一天，面对冷冷清清的展台，张弼士决定主动出击。他倒了一杯张裕可雅白兰地，向一位名叫莫纳的法国商人走去。莫纳先生漫不经心地摇晃着酒杯，不料那琥珀色液体弥漫出的酒香扑鼻而来，令他十分惊讶；抿上一口，醇厚的味道使他更觉陶醉。回味再三后，莫纳询问道："此酒产自哪里？"张弼士悠然一笑，吐出4个字："中国烟台。"

1915年5月，博览会进入高潮。大会成立高级评审委员会，由来自世界各国科学、艺术、工商界共500人组成的评审团，在参赛的各类展品中评定优质产品。经过专家的几轮评审，张裕产品最后压倒众多欧洲老牌葡萄酒，产自中国烟台的"可雅白兰地""红玫瑰葡萄酒""琼瑶浆（味美思）"和"雷司令白葡萄酒"一举荣获4枚金质奖章。

谁都不曾想到，当时不过20多年历史的张裕葡萄酒能战胜历史悠久的欧洲产品。当时《巴拿马万国博览会会刊》及《旧金山报》，将其获得金奖评为"最不可思议的事件"，并评价其"风味独特而显其长……"这是中国葡萄酒第一次走上世界博览会领奖台，创造了中国葡萄酒发展史上的一段传奇。从此，张裕以其优良的品质蜚声海外，在著名的《牛津词典》上，被收录的唯一一家中国葡萄酒企业即为张裕。

接班人短板导致企业大衰败

凭借其雄厚的资本实力和广博的政商两界资源，张弼士几乎凭一己之力将张裕带到了发展巅峰。然而，由于没有培养出一个好的接班人，张裕迅速蹿红的辉煌却演变成了昙花一现。

事实上，从张裕开业的当年，接班人短板的隐患即开始浮现。1914年，公司管理层发生了很大变化。经理张成卿病故，马子骥继任一年多后辞职，再继聘张莲溪为经理。同时，因一战爆发，曾为张裕发展立下汗马功劳的酒师奥地利人拔保应调回国，由张弼士的侄子张子章与亲戚朱寿山担任酒师。

在如此短的时间内，管理层如此大换血对于企业的稳定造成的创伤无疑是巨大的。再加上仓皇上阵，从经理到酒师各要害部门的继任者都缺乏足够的知识与技能储备，对企业的运营和掌控能力显然无法与他们的前任相比。其结果自然不难想象：领导易人，管理生疏，张裕的经营受到很大影响。

雪上加霜的是，1916年，张弼士在巴达维亚病逝，让张裕顿时失去主心骨。病危之时，张弼士把张裕交给了二子张秩捃掌管。然而，由于此前一直追随孙中山闹革命，临危受命的张秩捃几乎是一个商业"门外汉"，对于这样一家身陷困境的庞大公司几乎束手无策。

张秩捃担任公司总经理后，虽然与张学良联宗扳亲，取得了官方对公司的支持。然而，他却无法解决产品滞销的问题。又加上当时军阀混战，捐税特别繁重，无奈之下，张秩捃只得靠向南洋亲人索要汇款用以维持。

虽然苦苦支撑，但张裕依然债台高筑。到1929年时，公司欠债已经达到30多万元，到了无力经营的地步。

接下来的连锁反应是，张秩捃被迫于1929年8月清理张裕旧债，公司被租赁给他人。崇洋抑华的租赁者张剑师又将张裕的管理层全部赶走，让公司的管理进一步断层。到1934年，已经面目全非、千疮百孔的张裕又被最大的债主中国银行接管。虽然后来公司管理层加强了管理，但终究只能把张裕提升到盈亏平衡的水平，直至1941年被侵华日军实施军管……

张裕从成立到正式营业，期间历经22年，事必躬亲的张弼士本有足够精力培养出足够强大的后备人才队伍，然而让人不解的是，极具商业天赋和战略眼光的他并没有做到。否则，张裕的辉煌也绝不会维持短短两年的时间，由盛及衰如此之迅速！

刘子山：金融与地产互动的成功之道

清末民初，青岛的金融业完全被外资银行所操控。1897年，德国人利用"巨野教案"出兵胶州湾，次年即成立了德华银行青岛分行，此为青岛金融业之嚆矢。德华银行控制青岛长达十余年，而民族金融业几无伸展余地，只有数家兑换钱币的钱庄，稍具规模、能经营汇兑业务的只有谦顺银号一家。

1914年11月，日本占领青岛，德华银行青岛分行及其在山东投资的铁路、矿山公司全部被日本接收，日本正金银行一跃成为青岛金融业的霸主。1922年，中国政府收回青岛主权，民族金融业始有较大发展。但由于进口贸易大都被外商所控制，因此，青岛的金融势力依然操纵在外资银行特别是日本正金银行手中。

在这种金融背景下，东莱银行能够成立且有较大拓展，殊为不易。

由"无限公司"到"有限公司"

刘子山少年时期仅读过几年私塾，因家境贫寒，14岁时便只身赴青岛谋生。一开始，他沿街叫卖，后给德国人当仆役，其间，他自修了德语和日语。28岁那年，他给一名德国建筑师当了翻译，同时代办建筑材料，开始了创业生涯。两年后，刘子山独资创办了一处杂货行，经营草帽辫，代销德国货。随后，他又买下德国人开办的红石崖窑厂，扩建成福和永窑场，专门烧制西式红色砖瓦，销路颇好。在此期间，他还受青岛东莱银行传票聘于德商礼和洋行，任华方经理，佣金极为可观。

刘子山凭借灵活的头脑和社交能力，逐渐跻身于青岛的上流社会，曾一度担任过胶澳商会的董事。1918年2月1日，刘子山与成兰圃（原青岛大清银行经理，后当选为青岛总商会会长）、吕月塘共同出资200万元，以无限公司形式组建了东莱银行，刘子山任董事长，成兰圃任总经理，吕月塘任经理。随即，东莱银行在济南、天津、大连等地设立了分行，在上海设立了汇兑所。

无限公司即全体股东对公司债务承担连带无限责任的公司。一般说来，无限公司的股东至少要有两个，公司资本是在股东相互熟悉、相互信任的基础上，出资形成的。在这里，人身信任因素起着决定性作用，非至亲好友难以成为公司股东。因此，人们也称无限责任公司为"人合公司"。

显然，以无限公司方式组建银行对股东来说风险太大。1923年年初，东莱银行改组为股份有限公司，每个股东以其所认缴的出资额对公司承担有限责任，资本增至300万元，第一大股东仍为刘子山。1924年，成兰圃因病退出，董事会公推刘子山为总经理。东莱银行进入高速发展期。

金融与地产互动

1926年，由于山东屡经战乱，青岛的投资环境日益恶劣，刘子山遂打算移师天津。当时，天津的商业十分发达，金融市场广阔，特别是长芦盐商，都在天津设有办事处，与天津分行多有业务往来。长芦盐区位于河北省沧县长芦镇，所产之盐颗粒均匀，色泽洁白，中外驰名。许多大盐商富甲天下，是天津分行的重要客户。

是年初，刘子山移师天津，次年即把天津分行改为总行，而青岛东莱银行则改为分行。虽然如此，青岛分行的业务发展依然兴旺，同时因为那时房租收益比放利息合算，刘子山就在青岛盖了众多的"大院里弄"出租取利。

在以后的几年间，天津东莱银行的业务发展迅速，很快就成为华北著名的财团。1930年，刘子山在法租界兴建了营业大楼。该楼由德国建筑师贝伦特设计，系三层砖石混合结构，并带地下室和顶层塔楼。大楼主入口处的廊柱、外檐以及塔楼等变化丰富，体现了浓郁的折中主义风格。

东莱银行开业以后，刘子山还独资创办了东莱贸易行，从事进出口贸易；创办了永利汽车行，经销美国产汽车；创办了烟潍汽车运输公司，经营客货运输。1926年，他以东莱银行为依托，与吴蔚如等人成立了安平保险公司，从事水火保险业务。此外，他在青岛华新纱厂、青岛电业公司、博山煤矿等企业均有投资，并担任董事等职务。

刘子山还将巨额资金投入房地产业。从20世纪20年代开始，刘子山在青岛除办东莱银行外，又投资大建"大院房"。在青岛市内、市南、市北、台东、台西、四方、沧口盖了无数的大院。像"三多里""广兴里""居仁里"等，约有几百个里弄。

据知他把这些里弄租给几万户人家。光收房租用的"折子"，就得用麻袋装，可见房产之多。刘子山一度曾拥有青岛天津路、肥城路、武定路、甘肃路、无棣二路等整条街道的房产，规模之大，数量之多，无出其右者，故此，人称其为"刘半城"。

他盖的这些大院里弄，形状统一，每一栋都盖得像城堡一样。四周一圈二层楼，上下盖的同样的单间房，全是砖木结构的。住户租住几间随意，房租按间计算。院子中央有公用水龙和公用厕所。院子左右两侧有上二楼的公用楼梯。楼上楼下都只有住房，而无其他生活房。这些大院房如今虽被拆掉不少，但仍有当初建造得比较好、高档一些的至今仍保存完好。

与列强打金融战

在获取了大量财富以后，刘子山对贩卖鸦片的一段经历颇有负罪感，遂自觉从事各种慈善公益事业。他捐款兴办济南孤儿院，捐款20万元疏浚小清河，出资50万元修筑烟潍公路，捐款20万元兴办东莱中学，把莱阳路楼房及对面空地捐赠给青岛女中……凡此种种，亦无人能及。

1932年是天津东莱银行的鼎盛时期，存款余额高达近千万元。但好景不长，自九一八事变后，华北局势日益紧张，东莱银行的业务受到严重影响。继1932年达到高峰后，1933年便开始急速下滑，甚至趋于半停滞状态。同年9月，刘子山将东莱银行总行移至上海，天津东莱银行改为分行。

当时的上海，早已成为中国的金融中心，除了汇丰、渣打、横滨等大型外资银行以外，其他中小型银行、钱庄、当铺、交易所、保险公司满街都是，"银行多于米铺"是当时的真实写照。东莱银行虽身处竞争激烈的金融环境中，但很快就站稳了脚跟。

1937年，上海东莱银行营业大楼（位于今南京西路587号）建成并投入使用。七七事变以后，刘子山避居天津法租界，拒绝与日伪合作。他派儿子刘少山赶赴上海，向东莱银行同仁传达其心意："国难时期，宜闭关自守，紧缩业务。本人自愿不再提取股息，以维同仁生计。"

刘子山以东莱银行为依托，以雄厚财力为后盾，与日本的金融势力相抗争。当时，日本正金银行的气焰十分嚣张，刘子山命东莱银行职员携带正金银行发行的巨额钞票前去兑换银元，引起正金银行的恐慌。正金银行宴请刘子山央求缓提，从此气焰大为收敛。

此后，刘子山以体衰多病为由，将东莱银行业务交给长子刘少山管理。1948年春，刘子山从天津到上海就医，同年10月12日因心脏病发作辞世，享年68岁。

刘蓬山：民国烟草CEO大展"营销术"

民国时期负责潍县以西、济南以东、沧州以南、泰安以北广大

> 如今在周村大街上，与英美烟草公司旧
> 址仅隔二十余步的南洋烟草公司的旧址依然矗
> 立，或许可以向世人证明当时竞争的惨烈。

地区的烟草批发、销售的段长刘蓬山扮演起类似于现代公司制度中"CEO"的角色，在其谋划下通过打价格战、延伸产品链条、扩大广告营销等多种模式，英美烟草公司与当时最大华资烟草企业之一的南洋兄弟烟草公司展开了一系列"战役"。

代理"洋烟卷"

刘蓬山，泰安人，受过专门的商业教育，会讲英语，思想开化。英美烟草公司周村段段长，同时兼任济南仁丰纱厂副经理、周村光被中学校董事会董事长。

1902年，英美烟草公司在英国伦敦成立，不久就收购了美国烟草公司的上海卷烟厂，使后者从此退出了中国市场。1904年英美烟草公司在周村设立了营业点。尽管这只是一个营业点，但却是潍县以西、济南以东、沧州以南、泰安以北营业段负责人的驻地，在当时却具有重要地位。

刘蓬山任当时的英美烟草公司周村段段长之职，人称刘段长。当时英美烟草公司在周村大街开张的地点位于中段路东，前面是三间营业厅，后面几个院子为仓库、接待室、办公室、员工宿舍和食堂等。驻济南的英美烟草公司外籍总代理每月到周村视察一次，由刘蓬山负责汇报经营情况。当时的英美烟草公司至今仍然是世界领先的国际性烟草企业。

然而，早在90余年前，眼光独特的刘蓬山便瞄准了烟草这一在当时刚刚兴盛的行业。

在"洋烟卷"进入中国之前，中国人大多数习惯于吸旱烟，同时由于卷烟价格相对较贵，导致最早进入周村经营烟草业的美国烟草公司的卷烟销路一直不畅。在此情况下，1902年英美烟草公司在英国伦敦成立，并在不久后收购美国烟草公司的上海烟厂，迫使后者退出中国市场。1904年，与济南、潍县同时开埠的周村亦成为英美烟草公司的目标之一。而寻找本土化合作者也就是当初所称的"买办"成为当时该公司切入市场的决策之一。

或许抓住了市场先机，有着自己的思路的刘蓬山取得了不错的成绩。民国后的中国烟草行情很好，当时周村每月的资金量从最初的数千元猛增至数万元，每次的进货额达3~5万元之巨。后来为了同南洋兄弟烟草公司争夺下层消费者，又研制出成本低廉、做苦工的下层劳动人民也买得起的所谓"土烟"，如：红印牌、斯太菲牌等。仅几分钱一盒，又可以论支零卖，销量很大。

烟草连锁制的"萌芽"

与现在许多加盟连锁项目相同，彼时刘蓬山代理的英美烟草公司已"萌芽"了类似的经营思路。当时刘蓬山设立周村英美烟草公司同庆号作为华人代理商，实行管理系统和经营系统的分离。其中，刘蓬山主管管理系统，相当于公司管理销售的行政机构，本身并不参与经营业务，主要负责销售和宣传事务。而另一条经营系统则直接开展经营业务，相当于现在公司从事销售服务的营业机构。

周村英美烟草公司同庆号为刘蓬山所负责地区的华人代理商，由祖籍桓台县的周敬惠担任职业经理人，后由其子周玉汝接替主持。当时经销的主要品种有地球牌、大连珠牌、刀牌等。此外，除了总代理外，刘蓬山还竭力拓展下游代销点。当时周村下河的郑氏烟店等，都是英美烟草公司较大的代销点。

当时要想担任英美烟草公司的经理之职也并非易事。当时的经营系统包括督销、大经理、小经理、零售商。督销有以个人名义担任，也有以公司组织形式出现的。督销按批发销售额每月领取佣金。其主要职责：一是保证赔偿大、小经理的坏账损失；二是负责开拓本区业务。大经理由督销保举，小经理由大经理保举，佣金为批发销售额的0.45%。

由于刘蓬山受过专门的商业教育，且思想开化。他在周村第一个带头穿西服，提倡妻女穿连衣裙，甚至由此带动周村服饰现代化，亦可被视为佐证之一。

价格战对垒南洋兄弟

在周村英美烟草公司刚成立的六年时间里，刘蓬山的日子过得比较自在。然而，这种看似"安逸"的生活却随着另一家烟草巨头——南洋兄弟烟草公司的成立而结束。也就是从南洋兄弟烟草公司开张之日起，一场两大巨头之间的营销大战也轰轰烈烈地开始了。

南洋兄弟烟草公司成立于1905年，由日籍华人简照南在香港创办，由于形势有利，又经营有方，迅速向全国大城市及南洋群岛发展，成为中国市场上最大的华资企业之一。1910年，南洋兄弟烟草公司即派人来到山东，选中了城市繁华的周村作为营业点。经理处设在周村大街北首泉祥茶庄南邻。前后几个院落，都是高大的楼房。他们在大街上竖起两米高的大招牌，上面画着两个戴礼帽的绅士，旁边是大大的黑字"南洋兄弟烟草公司"。

如今在周村大街上，与英美烟草公司旧址仅隔二十余步的南洋烟草公司的旧址依然矗立，或许可以向世人证明当时竞争的惨烈。墙上一块介绍南洋烟草公司的牌子可以让人依稀想象当初的繁华。

彼时，甫一介入山东市场的南洋兄弟便在价格上大做文章。当时南洋的主要名牌是"飞马""飞船""三喜""双喜"等。

为了扩大影响，争取客户。双方各自在商号门前增加宣传牌，安装留声机，一天到晚放京剧唱片，或是放流行音乐。有时，还雇学校的学生在店前吹吹打打，引得路人观看，常常围得水泄不通。

南洋公司还在包装上动脑筋。为吸引顾客，在维持价格不变的情况下，把"四喜""飞艇"牌等品种改为50支装。根据不同需求，又加工出从10支到50支装的各种样式。这些措施很受消费者欢迎，渐渐在市场上占上风。

看到此前"一家独大"的局面被打破，刘蓬山再也坐不住了。为此，资金雄厚的英美烟草公司采取了打价格战的方式扩大市场份额。据了解，当时刘蓬山把市场看好的"派力"牌香烟从2.45元降至2.40元一盒，后来又在每盒中放一块手绢，实际价格降到了2.35元。此后不久，又将"三炮台""活边""双英""GoodBean"等牌号一律降价10%~50%。

不过，这远远没有结束。不久，刘蓬山又推出回收空烟盒、烟盒中送彩票的措施。此外，该公司还加大宣传力度，设立专职广告员，在大街、马路、广场、城门等处绘制巨幅广告宣传画。一时间，周村大街小巷、村镇庙宇的墙上都画满了烟草广告。同时，公司又向各商号、酒楼、茶馆、驻军、行政机关分送时事图画、月份牌、美术画片等纪念品以扩大品牌影响力。

健全营销网络

除了大打价格战扩大影响力外，刘蓬山还注重扩大营销网络，巩固下游经销商对英美烟草公司的忠诚度。

当时英美烟草公司对批发商贩均给予一定的优惠。比如，暗中给一定的补贴、代理商可以赊账购销、三个月清一次账等，对地理位置远的代理商还可以承担运输费用。1915年后，该公司还作出鼓励忠诚于英美烟草公司代理商的决定，公开对只经销英美烟草公司产品的商家摊贩每月鼓励一次，并不定期地设宴招待。同时，对脚踩两只船的商人进行打击，停止供货。

此外，鉴于当时的政治形势，拥有军政背景也被视为生意场的挡箭牌之一。因此，先后在周村驻军的张宗昌、曹福林、谷良民，护国运动中的吴大洲的山东护国军政府以及巨商孟洛川、官僚任晓英、贾宝严等都是被竞相"交好"的对象。为方便在上述人士的势力范围内推广自己的产品，各公司不惜出巨资送礼、送戏，甚至豪宴款待。

对于来周村参加戏剧节演出的名角，如尚小云、荀惠生等，公司也是经常在高级酒楼请其吃饭，让这些人为他们做宣传。

刘蓬山本土化的思维和营销模式的创新，迎合了当时崇尚中国文化的消费需求，重重打击了竞争对手，成就了英美烟草公司当年的市场梦想。

宋传典：近百年前的"公司+农户"模式泽被后世

作为一个出身贫寒的农家孩子，他不曾料到一位传教士改变了他的人生；作为20世纪初一名断文识字的中学教师，他从未想过有一天会过上商人的生活；而作为一位叱咤风云的实业家，他也绝没有料到最终流落他乡……他就是德昌洋行的创始人宋传典，从山东青州走出的商界奇才。

发端：瞄准战争商机制发网

1875年，宋化忠在益都县（今潍坊青州市）前龙山峪宋王庄出生。在他幼年时，母亲摘树叶充饥，坠地身亡，父亲靠卖柴草养家度日，家境异常贫寒。

然而，一位英国传教士的出现改变了宋化忠的人生。

1887年，英国基督教传教士库寿令前往益都传教并扩大了广德书院。库寿令资助宋化忠在广德书院上学，并取"传播耶稣经典"之意，为他改名"传典"。

宋传典在广德书院共学习了7年，除了正课以外，还在课余时间跟库寿令之妻学习英文。学习期满后，他留在广德书院担任英文教员，并加入了基督教。其间，他翻译的《化学详要》一书，为益都各校争相使用，一时洛阳纸贵。1905年，清廷废科举兴学堂，宋传典出任县立高等小学堂校长以及县教育会会长等职。

库寿令在益都传教，常受经费不足之困扰。所以，早在1900年，库寿令之妻就与宋传典、白玉章、袁景涛等人创办了德昌花边庄，以贴补丈夫所需经费。她从意大利引进原料和图样，并传授技艺。后来被称为"抽纱之王"的青州府花边即发端于此，时至今日，其在国际上依然享有盛誉。

1908年，厍寿令夫妇离开益都，将花边庄留给了宋传典等人。

欧洲是第一次世界大战的主战场，也是花边产品的主要消费市场。随着战争的深入，欧洲人的生活水平急剧下降，花边作为高档女装配饰的奢侈品，需求量越来越小，德昌花边庄的生意遭到致命打击。受过西式教育、熟稔欧洲风土人情的宋传典意识到，当时在中国刚刚兴起的发网生意有很大发展潜力。发网是当时欧洲妇女的常用物品，少女用来保护头发，孕妇要把发网垂到眉毛，而寡妇则需要用发网把整个脸遮住。战争制造了无数的寡妇，发网的需求量大增。

由于发网只能手工编织，所以许多欧洲商人愿意在劳动力便宜的中国加工，宋传典立即率领众人调整经营方向，建立了德昌发网庄。初期，宋传典从国外进口染色头发，后来，中国农村男人剪辫子者日趋增多，而女子留短发亦成为时尚，国内原料充足。宋传典经过多次试验，掌握了头发着色技术，遂改进口发为中国发。这一技术使发网庄的利润大增，为宋氏家族完成了原始积累。

迁址：济南开洋行半官半商

1919年，一次社会变革影响了宋传典的人生轨迹。五四运动唤起了民众的民主精神，当时的山东省省长沈铭昌为了缓和内外矛盾，便想拉拢工商界人士帮助其稳定政局，他提请北洋政府嘉奖山东一些知名工商界人士，这样既可以给他们精神刺激，也可以乘机搜刮钱财。当然，此举也颇合一些刚涉商业、急于得到社会承认的商界人士的心意。宋传典也不例外，他花了银子，得到了一枚六等嘉禾章、一块"通商惠工"的匾额，山东省政府也嘉奖他一块"实业勋荣"的匾额。

至1920年，宋传典获利颇丰，资本已高达数百万元。1922年，他花2万多元当上了山东省议员。但是，他的政治目标不止于此。

1923年，山东第三届议长选举，野心勃勃的宋传典在青州同乡的支持下参加了议长竞选。当时，以督军田中玉为代表的直系和以议会骨干为代表的皖系都想控制议会，斗争激烈。宋传典作为英美教会支持的势力，是中间力量，最后，在直皖两系的鹬蚌相争下，宋传典击败了另一个商人候选人陈鸾书，于1922年顺利当选为议长。当然，宋传典为此付出了很大的代价：为竞选先后投入了20多万元，几乎抽空了他的商业资金。

当选议长后的宋传典在济南安了家，把家族的大部分生意也搬到了济南，成立了"德昌洋行"，设在商埠经六路纬七路一带，并在青岛、烟台、天津、上海等重要城市设立了分行，开始了亦官亦商的生涯。

此时的宋传典整日应酬于官场，迎来送往，花钱如流水，他学到了一些官场的规则。1925年，军阀张宗昌主政山东，宋传典带头拥护，张宗昌投桃报李，委以宋传典山东赎路督办的肥缺，并且不准议会改选，宋传典的议长位子得以保留。

来济南不久，宋传典又在洋行内创办了德昌地毯厂，以机器和手工操作相结合织造地毯，是济南开埠后最大的地毯厂。

其时，宋传典长子宋棐卿已经在美国芝加哥西北大学商学院完成学业后归国，协助宋传典管理洋行。1925年，宋棐卿订购了德商的机器设备，在洋行内设立毛线厂，并为产品注册了"富国牌"商标。但毛线生产出来以后，却达不到质量标准。经查，系德商用粗纺机冒充了细纺机。为了减少损失，宋棐卿便用粗纺机生产地毯线，用来织造地毯。而这次挫折，竟成了他日后创办毛纺厂的动因。

鼎盛：订单发包得心应手

设在济南的德昌洋行占地面积3万多平方米，建有厂房、办公室、女工宿舍等。宋传典沿袭了过去的方式，不在洋行内从事生产加工活动。早在益都时，他就通过中间人，在省内数十个县的乡村设立了许多加工编织点，鼎盛时期，为他加工编织发网的农户数不胜数，仅益都一地，就有1 500余户。采取这种方式，无须添置任何设施，生产规模可大可小，在经营上进退自如。

德昌洋行的工人，大都是女工，一部分织造地毯，一部分整理、检验从各地收上来的发网和修补从国外退回来的残破发网。发网以"打"和"罗"为计算单位，1打12个，12打为1罗，共144个。发网虽然又轻又小，利润却高得惊人。1927年出版的《济南快览》中，就有关于发网的记载："……西欧女子则喜用各色头发，制网蒙面，以为美观。且日必数换，故消耗亦多。前有奥商，经营此业，收发染色，设厂制网。运往法国，行销极巨，获利亦厚。于是济市投机商人，亦多从事于兹，且有因此致富者。盖网之价，在济市不过二三分，巴黎则过半佛郎矣——按每一佛郎，合华币四角有奇——市利十倍，人多趋之。"

书中所说的"二三分"是本埠的销售价格，而德昌洋行生产的发网，成本不足一分，在国际市场上可获数十倍利润，故而"人多趋之"。为宋传典担任英文秘书的周静轩，近水楼台，靠出口发网而致富，在南新街置了两处宅院，人称"周家大院"。

当时，在德昌洋行附近，还有德国人创办于1918年的太隆发网厂，规模亦不小。建成以后，附近逐渐形成了两条街巷，分别命名为"隆新里"和"德邻里"。

德昌洋行迁到济南后，其他发网厂均相形见绌，包括太隆在内的数家发网厂先后倒闭，济南的发网生产和出口遂为德昌洋行所垄断。

宋传典在做官和经商的同时，还涉足教育界，先后担任过青州守善中学董事长和齐鲁大学董事。1923年，他倡办私立青岛大学，后一度担任过校长。

衰落：被政敌算计家产查没

张宗昌督鲁后，宋传典与其多有交往。1928年，蒋介石率北伐军攻到了济南城下，张宗昌弃城而逃。城头变换了大王旗，宋传典惊恐未定，又收到了一个让他大惊失色的消息：新上任的省长陈调元下令逮捕查办山东"四凶"，其中包括张宗昌和宋传典。

宋传典慌忙收拾细软，连夜逃往天津，随后又逃到上海，躲进了基督教青年会里。在逃跑的路上，宋传典疑惑不解：自己怎么成了山东"四凶"？后来他得知：是他的政敌陈鸢书在新任省长陈调元面前参了一本，使他亡命上海滩。

宋传典逃走后，他在山东的产业被查没，心有不甘的宋传典在上海上下疏通，申诉冤情，又通过上海基督教青年会出身的王正廷（时任外交总长代理国务总理）、孔祥熙到南京活动，1930年1月，南京国民政府终于撤销了对宋传典的通缉令。

可怜的是，当宋传典听到这个消息后由于过度兴奋，脑溢血突发去世。

接任山东省政府主席的韩复榘见风使舵，归还了宋氏被没收的财产，还在宋传典的灵柩回青州时举行了一个盛大的葬礼。如今，宋传典的墓仍然在他的老家山东青州的宋旺村。

孙玉庭：职业经理人制撑起百年历史

一盘小小的咸菜，看起来是那么的微不足道，却续写着一个又一个传奇的故事。

2010年11月23日，随着创业板上市钟声的响起，在中华大地西部崛起的涪陵榨菜受到市场的疯狂追捧，三度被深交所勒令停牌也挡不住其涨势，收盘时涨幅近200%，创出了每股40.80元的天价。

而在中华大地的另一端——齐鲁大地，玉堂酱菜却续写着300年的历史传奇故事。

这神奇故事的启幕人是一个生活在16世纪名叫戴阿大的苏州人。而令玉堂酱菜起死回生传承了300年之久的却是1807年时任两江总督的济宁人孙玉庭。

强势收购品牌名企

借力打力、收购品牌名企是现代企业惯用的寻求高起点发展的便捷模式，而在200多年前的时任两江总督——济宁人孙玉庭和他的合作伙伴冷长连便已经深谙此道。

收购的故事还要追溯到康熙五十三年（1714年）。头脑聪明、心存智慧的玉堂酱园创始人戴阿大发现，济宁地理位置优良，便在济宁南门口买下了一方靠着运河的地，开起了酱菜铺。戴阿大开店讲风水吉利，行事按"天干地支"，他选中"未时"（天干地支解释"未时"为玉堂），便取店名"玉堂"，又因他原籍苏州，故名"姑苏戴玉堂"。

当时草创的姑苏戴玉堂只有三间门面，几个伙计，除自己加工一点黄酱、酱油、香醋之外，多数酱菜都是从苏州潘万成进货。在戴阿大的苦心经营之下品牌影响很大。但这些纯江南风味的小菜虽然色香味有特色，却很难适应当地和北方客商的口味。虽经戴阿大和他的伙计们竭尽努力、惨淡经营，经营状况仍然每况愈下，加上贪官污吏的勒索，沉重的额外税收，到了1807年就不得不将经营了近百年的玉堂酱园拍卖。

当时，济宁有一位长期经商的大药材商冷长连，他极通酿造之道。1804年，因为在南京做生意时贻误了商机，他本利赔尽。听说"戴玉堂酱园"要拍卖，他便看到了机会，马上找到时任两江总督的济宁人孙玉庭（当时驻守南京），两人一拍即合，他们进行了可行性的研究，认为："戴玉堂酱园"已经拥有了百年的历史，名声很响，可以高起点创业和发展他们的生意。随后便以千两白银买下"戴玉堂酱园"，收购品牌名企的愿望达成。由于戴家卖店不卖字号，故孙冷合营后将字号改成了"姑苏玉堂"。

职业经理人不负众望

有时候，历史总是惊人的相似。追寻玉堂酱菜的发展史，总能找到现代化经营管理的影子。在玉堂酱菜300年的发展史上，职业经理人制是在收购玉堂酱园后被孙玉庭和冷长连运用得淋漓尽致的用人机制。"玉堂"这一品牌，能在大浪淘沙中流芳至今，可以说聘用了能经营、会管理的几个关键性的职业经理人功不可没。

生意旺，靠懂行，这是冷长连经营几十年悟出的一个道理。

收购"戴玉堂酱园"甫一成功，孙、冷两家便议定对玉堂酱园实行经理总管制。全面放权，疑人不用，用人不疑，只收利不问事，一切经营授权由聘用的总经理全面负责。

经孙冷两家仔细甄选，发现18岁就进玉堂酱园的伙计梁圣铭精明干练有魄力，在短短的几年时间从伙计做到账房管账，又成了总会计师，不但酿制酱菜的技术、业务流程熟练，而且懂得资金的运用和经营，随即孙、冷两个家族拍板聘用梁圣铭做了总经理。

梁圣铭上任总经理后果然不负众望，他在产品的地方化、多样化上下功夫。单是为了制作出济宁风味的"红方腐乳"，他就千方百计地学习江南制作方法，仔细研究济宁的口味，并派一精明伙计扮成哑巴混进江南某酱园做学徒，经两年的苦心学习摸到了江南酱菜的精要。几十年的寒暑冬夏，梁圣铭终于研制出了既有江南风味，又具济宁特点的"什锦""八宝""香干""冬菜""黑、黄酱"等小菜，及"金波""状元红""葡萄绿"等露酒，使玉堂的酱菜、酒类成为江南、江北都喜欢的消费品。

清代著名文学家李汝珍在《镜花缘》中夸赞："金波酒为天下五十五种名酒之一，色泽明澈，醇厚芬芳，天下美酒。"梁圣铭还精心编写了400多种菜谱。

最神奇的是，他还主持发行了钱票，流通于济宁地区，这样他可以分文不动就在市场上任意买卖，解决了让生意人最头疼的流动资金问题。

在梁圣铭的苦心经营下，孙、冷两家的资本金增长了20多倍，玉堂也由一个小小的店铺作坊发展成为一个大型手工业工场，成为济宁独一无二的大字号。

如果说梁圣铭是玉堂酱园振兴的一大元勋的话，那么，光绪元年（1875年）被聘任的总经理陈守和则是使玉堂酱园名驰京省的主要功臣。

陈守和不光是一位酿造专家，而且是一位颇懂经销的行家。

道光二十四年（1844年），孙玉庭的孙子孙毓桂考取状元，为孙家带来无可复加的荣耀。孙玉庭的另一个孙子孙毓汶于咸丰六年（1856年）考中榜眼，再次光耀门庭。善用人际关系的陈守和便打着孙毓汶的旗号，出入衙门，结交官长，吸纳他们的游资，筹集玉堂发展所需资金。

实践证明，"企业一年成功靠促销，十年成功靠产品，百年成功靠管理"。陈守和还是一个行销和管理的能手。

200多年前的陈守和就熟知"酒香也怕巷子深"的道理，甫一上任，就用一两白银一字的高价，聘请清末著名书法家项文彦为玉堂写下了"玉堂"两个大字，并把它装饰在临古运河的迎门墙上。水字相映，光彩照人，引得南来北行的游人止步，成了济宁州的一景，既丰富了济宁的文化生活，又扩大了玉堂酱园的知名度。只两三年时间，玉堂酱菜的名声就传进了京、津，挤进了皇宫。慈禧太后得知后，立即传旨军机兼总理各国事务大臣孙毓汶、顺天府府尹孙辑，速将孙家经营小菜送进宫来。孙家叔侄接旨后喜出望外，立即回到济宁精心选制了冬菜、合锦、八宝菜、酱花生仁、酱核桃仁等小菜。在店内先做成半成品，选技术高手林大松和一名厨师乘船进京，经一个多月边航运边加工，待到北京打开罐子正好光泽鲜艳、甜而不腻、咸而不浊、脆硬适口。慈禧品罢后连连夸道：果然味压江南、名驰京城。当即封林大松为七品官衔，封厨师为御厨师。由此玉堂酱园更是盛名远播，生意越发兴隆。

新中国成立后，玉堂进入了全新的发展阶段，成为全国酱菜调味品行业的四大名牌之一，拥有独特的经济价值和文化价值，是济宁经济发展中的一笔宝贵的无形资产。如今，玉堂酱园已经拥有14个直营店、2个办事处、30多个加盟店、800多个代理商和加盟商，销售网络遍及全国20多个省市。

下篇　互联网时代的"快商人"

> 扎克伯格不是一个好学生，至今也没有显现出过人的领导才能和企业家气质，但这并不妨碍他作为创业者带领Facebook走向成功。

马克·扎克伯格：从哈佛辍学到改变世界

文/陆新之　邓　鹏

马克·扎克伯格出生于纽约州一个中产家庭，父亲是牙医，母亲是心理学家，他是家中四个孩子里的老二，是唯一的男孩。扎克伯格从小就热爱钻研，尤其对电脑兴趣盎然。他10岁时得到一台个人计算机，并将大量的时间花在上面，成了远近闻名的"电脑神童"。

高中时期，扎克伯格便展现出过人天赋。他先在纽约北部的公立高中上到二年级，后转到著名的菲利普艾斯特高中，并在那里升入哈佛大学计算机系。扎克伯格在高中掌握了法语、希伯来语、拉丁语和古希腊语，数学、天文学和物理学成绩突出，计算机才能则令他大放异彩。

生存比壮大更重要。对于一个根基尚浅的
小公司，没有什么比扎稳营盘更要紧了。

在菲利普艾斯特高中时，马克·扎克伯格开发了一款MP3播放
器插件，它最大的功能是记录人们对音乐的喜好程度，并据此自动
排列音乐播放顺序。马克·扎克伯格将这款软件命名为Synapse，
放到互联网上供人们免费下载，备受欢迎。微软公司和美国在线
都注意到了这款软件，直接向扎克伯格开价200万美元购买Synapse
的版权，微软公司还向他提供了一份年薪25万美元的工作，不过马
克·扎克伯格统统拒绝了，径直前往哈佛大学读书。

扎克伯格没有被唾手可得的200万美元和微软的高薪工作诱惑，
年轻的他只是认为这样很酷。对于许多人来说，名校文凭不过是通
往微软等大公司的敲门砖，当一个无需文凭就可以进入微软的机会
摆在眼前时，恐怕很难有人会拒绝，毕竟这样做大大缩减了中间环
节。扎克伯格放弃了近在眼前的短期利益，去哈佛谋求缥渺的未
来。也许，这种冒险的天性就是创业者与求职者天生的区别。

在人才济济的哈佛大学，马克·扎克伯格看上去毫不起眼，牛
仔裤、套头衫和橡胶凉鞋是他的固定衣着，即使冬天也不例外。他
总是一副无精打采、对外界漠不关心的神情，如同虚幻世界的梦游
者，只有在谈起计算机或新点子时才回归现实，滔滔不绝地谈论一
通然后扬长而去。

公开场合或社交场合中，马克·扎克伯格一点也不合群，总是表现出自闭倾向，令人望而远之。他具有极客的典型特征，性格古怪，却能够吸引一批技术狂人，也只有在这群人中间，他才能彻底放松下来，随心所欲，并常常表现出领袖风范，感染和影响了许多志同道合者。

马克·扎克伯格住在哈佛柯克兰宿舍，与克里斯·休斯、达斯汀·莫斯科维茨和比利·奥尔森三人共同分享三楼的一个套间。四个年轻人分别就读于不同专业，在马克·扎克伯格的影响下，其余三人都对计算机编程产生了兴趣。克里斯·休斯，达斯汀·莫斯科维茨，甚至成为马克·扎克伯格的追随者，马克·扎克伯格打造Facebook的过程中，他们充当了联合创始人的角色。

创意源于趣味

2003年秋天，马克·扎克伯格升入大学二年级。为了给自己找点乐子，他花了大概一周的时间，设计了一款名叫"课程搭配"的软件。这是一款粗糙但富有创意的软件，只要点击课程名称，就能显示有多少人报名上课，并将人名一一列出。如果点击人名，就能看到他都选了哪些课程。

这个软件虽然是为了摆脱无聊，但无疑具有很强的实用性，可以清楚地显示每个学生的课程列表，以便制订自己的课程表。扎克伯格赶在选课之前制作完成，一经推出便广受好评。

受此激发，扎克伯格又萌生了新的想法，并马不停蹄地投入设计。一个月后，他推出了Facemash。

这是一个容纳了部分哈佛学生照片的小型网站。随机选出两组同性同学的照片，让用户进行打分，人气高者胜出，进入下一轮，与人气更高的同性选手PK。这个创意来自扎克伯格一次不成功的恋爱经历。他将从女朋友那里受到的挫折转化为对她的厌恶，萌生了将她与动物对比的想法，后来在舍友比利·奥尔森的建议下，改为人类之间相片吸引力的比较。

马克·扎克伯格连续开发了8个小时，设计出网站架构。然后，他利用计算机技术和朋友的帮助，成功地从校园局域网下载了哈佛本科生入学时拍摄的电子照片。这些照片被保存在学生宿舍的花名册（Facebook）中，扎克伯格获取了9栋宿舍的学生照片，将它们传入Facemash。

2003年11月的一个周末，扎克伯格将Facemash网站上线运行。他在网站主页上写下这样的话："我们会因为长相被哈佛录取吗？不会。""别人会评价我们的相貌吗？会的。"随后他将网站推荐给几个朋友，让他们帮忙测试一下。Facemash如此新奇有趣，朋友们忍不住将其发给更多的人，结果Facemash在哈佛校园迅速蹿红，被扎克伯格当做服务器的笔记本电脑几近瘫痪。

在网站开始运行后的10个小时中，大约有450名访客对2.2万张照片进行投票。最后迫于舆论压力，校方强制关闭了Facemash。扎克伯格还因版权、隐私等问题违反校规，受到相应的处分。处罚过后，扎克伯格特地买来一瓶香槟，与舍友们庆祝Facemash引发的轰动效应。

作为一个大学生摆脱无聊的产物，"课程搭配"与Facemash的大受欢迎，实际上反映某种群体性诉求，那就是对乏味生活的厌恶，对新奇与趣味的追逐。尽管此时扎克伯格创业思路并不明确，他只是觉得"好玩""很酷"，但作为典型的唯趣味主义者，他在无意间找到了一条捷径。

Facemash风波之后，扎克伯格成为哈佛校园的大名人，人们都开始知道，他能搞出些与众不同的新花样。

需求指引方向

风波过后，找马克·扎克伯格合作的人多了起来。哈佛黑人女子协会请他帮忙创建协会网站，哈佛联谊会的创建者找他搭建联谊网站，用以向会员提供各种约会和联谊的信息。扎克伯格几乎来者不拒，一年下来，他居然做了12个项目，令他不快的是，"哪个项目都不是我全权负责"。

扎克伯格参与的这些项目或多或少都与交友有关。这既是他以往经历的外延，也为后来创办Facebook埋下了伏笔。其中，与哈佛联谊会的合作为马克·扎克伯格惹来了不少是非。

作为哈佛联谊会创始人，双胞胎兄弟卡梅隆·文克莱沃斯和泰勒·文克莱沃斯，以及蒂维雅·纳伦德拉一直梦想着建立一个社交网站，扩大联谊会的规模和会员的活跃度。但他们三个都不善编程，文克莱沃斯兄弟家世显赫，是四肢发达的划桨运动员，蒂维雅·纳伦德拉只是一个消息灵通的小角色，他从哈佛校报上看到Facemash的事情后找到马克·扎克伯格，准备请他编写程序。

2003年11月，扎克伯格同意为其出力，唯一的要求是：不受干涉，有自己的时间表。

在为文克莱沃斯兄弟的哈佛联谊会搭建HarvardCnonection网站的时候，扎克伯格开始着手创建自己的社交网站，即Facebook——扎克伯格当时并未意识到这有什么不妥，他只是把HarvardCnonection当做众多项目中的一个而已。问题的关键在于，当他对此兴味索然后，没有马上向文克莱沃斯兄弟挑明，而是一拖再拖，以至于Facebook早于HarvardCnonection上线。文克莱沃斯兄弟对此十分不满，认为扎克伯格剽窃了他们的创意，并因此陷入无休止的纠缠。

究竟有无剽窃，当事双方各执一词。关于Facebook的创意来自何处，恐怕只有扎克伯格自己才知道，重要的是，确实只有扎克伯格将创意变为现实，并打造了一个Facebook帝国。

尽管当时美国已经有了MySpace、Friendster等一批抢得先机的社交网站，在社会上掀起轰动性的巨浪，但它们在哈佛似乎并未引起太大的反响。相比之下，哈佛学生更热衷于自身周围的小世界，对于校园社交网更感兴趣。一个表现是，他们向校方建议建立一个在线肖像集，以便在上面搜到入学花名册（Facebook）上的那些照片。这恐怕就是Facemash能够迅速走红的潜在原因。

出于版权、隐私等方面的顾虑，哈佛校方迟迟不采取行动。学生们议论纷纷，既然扎克伯格凭一己之力就能建立Facemash，为什么哈佛做不出在线肖像影集。而哈佛校刊 *The Harvard Crimson* 也在指点江山："只有在网站对自愿上传个人相片的学生进行限制时，许多围绕着Facemash出现的麻烦才能消于无形。"这恰恰提醒了马克·扎克伯格，他决定自己搭建一个让人们自愿上传相片的网站。他心想，"这样一来，大家就能更多地了解到校园里发生了什么"。

创业毕竟不是一件轻松的事情，任何看似天马行空的行动背后，其实都有来自现实的呼应。当弱者还在一遍遍抱怨找不到创业空间时，行动派早已将困难甩在身后，铿锵上路。

单干还是合伙？

2004年1月11日，马克·扎克伯格花费35美元注册了一个域名：Thefacebook.com。

从名字就不难看出，马克·扎克伯格是想将哈佛宿舍里的花名册（Facebook）搬到互联网上。但这只是冰山一角。花名册只是皮囊，构建基于真实世界的社交网络才是马克·扎克伯格的本意，他要在互联网上打造一个全新的世界，让那些对同学照片充满好奇的哈佛学子们感觉更棒。

创办这样一个网站无疑需要更高级的硬件支持，最起码要有一台可靠的服务器代替扎克伯格的个人电脑，后续运营也是一笔开支。扎克伯格认为，无论财力还是精力，单靠自己一人无法完成。

扎克伯格找到一个创业伙伴，爱德华多·萨瓦林。此人巴西富商家庭出身，属于学生中的富人，热衷交际、擅长沟通，是个受欢迎的家伙。他对赚钱有着天然的兴趣和敏感，对技术却一窍不通。扎克伯格与萨瓦林达成共识，两人各投资1 000美元作为启动资金，持股比例二比一。扎克伯格负责与技术有关的所有工作，萨瓦林负责财务和技术外的所有事务。

接下来，扎克伯格一头扎进计算机中，不问世事。他从早先开发的"课程搭配"软件与Facemash网站中获得了不少灵感，还借鉴了包括MySpace、Friendster等社交网站以及在线聊天工具AIM等软件的优点，架构了全新的社交网络。这使Facebook拥有了信息共享、发布通知、建立群组、选课参考、友情互动、社团活动和个人展示等诸多有用且有趣的功能。

2004年2月4日，Facebook上线运行。在主页上有这样一段介绍语："你可以在Facebook上：搜寻自己学院的同学；找到自己班级的同学；查找自己朋友的友人；勾画出自己的社交圈子。"

与Facemash一样，扎克伯格再次把Facebook推荐给自己的朋友、熟人试用，很快有几十人注册。注册方法非常简单，只需要一张个人照片、少量个人信息就可完成，然后就可以在上面寻找朋友、分享信息。扎克伯格成功地将哈佛校方不愿做的事情变为现实！通过熟人圈子，这件事越传越广，人人都知道有一个叫Facebook的网站问世了，争先恐后注册成为它的用户。

结果，Facebook出现井喷式扩张：四天内注册用户增长至650人，一天后又有300人加入。Facebook上线一周后，50%左右的哈佛本科生成为注册用户，三周后，用户数量增长到6 000人。

随着用户数量急剧攀升，网站运行和维护压力倍增，扎克伯格认为有必要招募助手。室友达斯汀·莫斯科维茨愿意担此重任，尽管不善编程，但莫斯科维茨的创业激情打动了扎克伯格。随后股权调整时，萨瓦林股份下降至30%，扎克伯格将自己的70%中分出5%给莫斯科维茨。

莫斯科维茨接到的第一项任务，就是把Facebook从哈佛大学推

> 别以为投资人都是善人，他们和善的面孔
> 背后是一颗追求利润的心。

广到美国的其他高校。

扎稳营盘再扩张

成为Facebook的用户，唯一需要的是一个哈佛大学的邮箱以便注册，这意味着教职员工、校友都可加入，其他学校则被排除在外。这样做可能只是为了在小范围测试，因为扎克伯格从一开始就没打算局限于哈佛，他在Facebook主页上称这是"一个在大学社交圈内交结朋友的在线目录"。

Facebook在哈佛的受欢迎程度超出扎克伯格的预期，不断有外校学生发邮件希望成为注册用户，这两件事都鼓舞他让Facebook走出哈佛，将其打造成名副其实的"大学生社交网站"。

扎克伯格首先锁定了三所高校：哥伦比亚大学、斯坦福大学和耶鲁大学。选择它们的原因，是因为这三所学校当时都已经出现同类网站，扎克伯格希望Facebook与其正面交锋。假如在这些学校还能获得成功，并取代已有的网站，那么就基本可以确定，"它在其他学校也能所向披靡"。

结果，Facebook后来居上，迅速超越了所有对手。莫斯科维茨在其中发挥了关键作用。

莫斯科维茨是天生的执行者。他耐力强，不甘落后，从不会显露出不耐烦，而是坚持不懈地努力，朋友们送给他一个亲切的绰号"公牛"。莫斯科维茨从邮箱设置入手，获取外校学生的名单和照片，模仿扎克伯格的做法，按部就班地在外校搭建Facebook，并适当增加新内容。

2004年2月25日、26日、29日，Facebook相继在哥伦比亚大学、斯坦福大学和耶鲁大学上线。《斯坦福校报》用"Facebook旋风席卷校园"来形容它的迅猛发展，不到一周时间，将近3 000名斯坦福大学本科生完成注册。同样的情形出现在哥伦比亚大学和耶鲁大学，Facebook让对手感到压力重重。

随后的十多天，莫斯科维茨如法炮制，将Facebook推广到整个常春藤盟校，所到之处总能引发狂热追捧。在达特茅斯学院，只用了一个白天，超过三分之一的本科生便成为其用户。

2004年3月中旬，Facebook的注册用户达到2万。然而，这只是星星之火，不断有人写信要求Facebook进驻自己所在的学校。扎克伯格被大量的邮件搞得疲惫不堪，于是把能说会道、擅长交际的室友克里斯·休斯拉入伙，担任Facebook官方发言人；同时为了应付新学校入网的问题，还邀请擅长编程的高中同学亚当·德安杰洛协助莫斯科维茨。

随后不到半个月时间，Facebook的用户数量突破3万，同时在线人数保持在数千人，Facebook的服务器开始不堪重负。扎克伯格与萨瓦林各注资1万美元，并决定投放一些广告，用以改善资金状况。4

月份，Facebook上第一次出现广告，主要是针对学生的旧货买卖、搬迁服务等。

显然，这一时期Facebook的快速上升鼓舞了整个创业团队。与此同时，马克·扎克伯格又能不断吸引新的人才加入，根据他们自身的特长安排职务，Facebook的管理架构逐渐清晰起来。在扩张与盈利之间，扎克伯格稳妥地选择了后者，Facebook迈出了商业化的第一步。

毕竟，生存比壮大更重要。对于一个根基尚浅的小公司，没有什么比扎稳营盘更要紧的了。

明确核心优势

几乎在Facebook横扫常春藤盟校的时候，它就引起了投资界的注意。一些投资人致电扎克伯格，表示愿意提供资金助他一臂之力。2004年6月，Facebook上线4个月后，一位金融家筹集了1 000万美元，准备投资给这个刚满20岁的哈佛二年级学生。不过，扎克伯格拒绝了。

扎克伯格的理由是：自己没有时间考虑融资，索性统统不考虑。没有把握的事情一概不论，这是避免风险的有效途径。别以为投资人都是善人，在他们和善的面孔背后，是一颗追求利润的心。如果违背他们的意愿，即便创始人也可能被扫地出门，企业界并不缺少类似案例。

从本质上讲，扎克伯格当时还未把Facebook当作一门生意，只把它看成一个项目。他希望做Facebook的主宰者，让它按照自己的意愿发展。任何来自外部的干扰都可能让这颗幼苗夭折，所以有必要保持警惕，远离那些捉摸不透的投资人。在他看来，尽管资金紧张，但可以用广告来维持运转，还不到融资的地步。另外两个股东——萨瓦林和莫斯科维茨对此表示认同。

不久之后，为了便于开展业务，萨瓦林在佛罗里达注册了一家公司，作为Facebook的运营机构，扎克伯格和莫斯科维茨也被写进创始人的行列。萨瓦林履行经理职责，开设了一个银行账户作为公司账户，他自掏腰包存入1万美元作为运营费用，随后便开始四处拉广告。

此时Facebook用户数量已突破10万人，覆盖全美34所顶尖高校，对广告商的吸引力大大增强。一个月后，一家广告代理公司Y2M决定在Facebook上投放广告。Y2M投放的首批广告中包括万事达公司向大学生提供的一项信用卡服务，起初万事达公司对Facebook的影响力将信将疑，因此采取了苛刻的合作方式：只有在客户通过Facebook上面的广告申请办卡时才支付广告费。结果，在这则广告投放后的一天之内，万事达接到的申请量竟超出其前四个月总申请量的两倍。

Facebook的平台优势引起了各方注意。Y2M和万事达公司伸出橄榄枝，表达出了对Facebook的投资意向。扎克伯格不为所动，声称至少2 500万美元起才会谈判，结果把投资者吓跑了。

尽管已开始商业化运作，但扎克伯格对广告要求极其苛刻，只有那些符合条件的广告商才能在他的网站上发布广告。扎克伯格拒绝了高盛银行与美世咨询诱人的广告价码，只因他们的广告太过严肃和商业化。平心而论，扎克伯格无意投放广告，但顾及网站生存，也不得不做出适当妥协。即便如此，他仍表现出强烈的主导意味，对广告形式、尺寸、标题等，做了强制规定。他似乎要让那些财大气粗的广告主明白，在Facebook的世界里，自己才是规则的制定者。

在某种程度上，扎克伯格的固执让Facebook避免了过度商业化，得以保持幽默风趣的俏皮风格。如果为得到广告费而放弃这些引人入胜的特质，则无异于"杀鸡取卵"。

找到对的伙伴

2004年暑假，扎克伯格、莫斯科维茨带领几个助手，来到加州的帕洛阿尔托，准备在这里待上一段时间。在扎克伯格看来，"帕洛阿尔托有点像一块圣地，所有的应用科技都发源于那里"。他原本只为一探究竟，却不期遇上了肖恩·帕克，并因此将Facebook带到一个无比重要的关口。

肖恩·帕克是那个时代的创业偶像，也是一个桀骜不驯、离经叛道的花花公子，还是一个被投资人驱逐的悲情人物。早在1999年，中学生肖恩·帕克便成为肖恩·范宁创办Napster的得力干将，在互联网浪潮中饱经洗礼。2000年，由于不当言辞损害了公司利益，肖恩·帕克被逐出Napster管理层，于是出来单干，和两个伙伴创办邮件服务型网站Plaxo，很快筹集到数百万美元的投资。这一次，肖恩·帕克将随心所欲的生活方式带到工作当中，Plaxo被他搞得一团乱麻，毫无条理。于是，他再次被董事会炒了鱿鱼，股份也化为泡影。

肖恩·帕克从19岁退学参与Napster创建，再未继续学业，在商业的浪潮中历经沉浮荣辱，已然是商场老手。虽然在技术设计上，他与扎克伯格有相似之处，都是那种为了一个想法而忙得天昏地暗的技术狂人，但他在商业上的见识和生意场的经验却不是青涩的扎克伯格所能比拟的。

2004年3月，扎克伯格推出Facebook才一个月，肖恩·帕克便闻风而动。他给扎克伯格发了一封电子邮件，大意是说自己认识许多著名投资人，可以帮他引荐。一个月后，扎克伯格、萨瓦林与肖恩·帕克在纽约的一家华人餐厅会晤。扎克伯格与帕克一见如故，当时便认为他就是那个能将Facebook带向成功的人，而萨瓦林却对这个夸夸其谈的家伙无甚好感。

扎克伯格率队来到加州的这个暑假，萨瓦林借口寻找广告客户而留在了纽约，同时他还在华尔街的一家投资银行做实习生。这为帕克进入Facebook管理层预留了空间，也给公司重组创造了条件。

肖恩·帕克出手大方、人脉广泛，在公司创建和运营方面经验丰富，与投资人打交道的能力也令人佩服有加。扎克伯格相信，帕克能够帮助自己识别风险，将Facebook引领到正确的轨道上去。因此，扎克伯格愈发与帕克亲近，2004年9月任命他为Facebook总裁。

帕克果然为Facebook带来了生气。他引入了一些更为成熟的技术和人才，代表扎克伯格与投资人进行谈判。更重要的是，他一手构建了一个清晰合法的公司架构：帕克在特拉华州重新出资成立了一个公司，Facebook作为公司核心资产，扎克伯格担任首席执行官，并拥有大部分专利。

扎克伯格与莫斯科维茨将自己在佛罗里达的公司权益转让给了新公司，这样一来，萨瓦林注册的那家公司便成为一个空壳。在新公司：扎克伯格占股51%，萨瓦林占股34.4%，莫斯科维茨持股比例上升到6.81%，肖恩·帕克为6.47%。所不同的是，萨瓦林的股权只是普通股。

作为联合创始人，萨瓦林对Facebook重组一事毫不知晓。他事后对此大发雷霆，径直冻结了佛罗里达公司的账户。当时Facebook正值发展关键时刻，萨瓦林切断公司财源导致运营濒临停滞，扎克伯格不得不自掏腰包，两人之间的裂隙加深了。

相比萨瓦林，扎克伯格与肖恩·帕克更加亲近，这不仅出于个人喜好或者因为帕克比萨瓦林经验丰富。还因为萨瓦林自始至终都把Facebook当作一门生意，他在骨子里是一名精打细算的商人，盘算从前期投资中获得收益，这样的人，可以共富贵，难同患难，一旦形势不利，就可能甩手走人；肖恩·帕克则不同，某种程度上，他对技术、产品和服务的执着不亚于扎克伯格，他吃过投资人的亏，懂得什么对一家成长中的小公司更重要。

帕克与萨瓦林的根本区别在于眼光，在这方面，扎克伯格与他的观点一致。出于对公司远期利益的考虑以及规避风险的本能，在帕克与萨瓦林之间，扎克伯格其实已做出选择。

如果两个念头同时涌动，不妨先将胜算大的那个做好，否则赔了夫人又折兵，而避免越陷越深的办法就是发现错误后立即纠正。

理性看待初始股

2004年夏天，由于学生放暑假，Facebook用户增长量有所放缓，但用户总数仍达到20万。扎克伯格预见到秋季开学后将爆发新一轮增长，他无法估算增长幅度，但直觉告诉他，不能错过这个机会。

暑假结束后，扎克伯格与莫斯科维茨留在了加州帕洛阿尔托，其他人则回到哈佛校园继续未竟的学业。两年前，18岁的扎克伯格曾经拒绝了微软的200万美金和高薪工作，入读哈佛计算机系；而此时，为了Facebook的未来，扎克伯格果断放弃了哈佛的学业。

随着开学日期的临近，全美各地大学纷纷要求加入Facebook，一些狂热的学生甚至直接到帕洛阿尔托的总部去请愿。在业务扩张的压力下，Facebook服务器已不堪重负，扎克伯格一筹莫展。掌控财政大权的萨瓦林拒绝解冻账户，扎克伯格不得不继续垫钱。他还从父母那里借来6万美元，用以维护服务器，但这只是杯水车薪，如果不增加服务器，Facebook有可能崩溃。

扎克伯格清楚，只需要几十万美元就可以让Facebook走出困境。

而实际上，这并不难办到，跟在他后面的投资人难以计数，只要他愿意，立刻就能获得上百万美元的投资。但扎克伯格同时也非常明白这样做的代价——投资人会轻而易举拿走Facebook部分股权。发生在肖恩·帕克身上的事情让他对风险投资保持警惕——他可不想因意见相左而被投资人踢出自己一手创办的公司，为了购买服务器的几十万美元，冒如此大的风险，实在不够明智。

对于那些富有成长潜力的创业型公司，初始股无疑是珍贵的。创始人对公司股权的珍视无可厚非，但也应该看到，这是吸引投资人的所在，毕竟没人愿意为业绩平平、前景黯淡的公司花钱。

扎克伯格对风险投资的警惕源于对控制权的保护本能，但仅凭他的财力终究无法改善Facebook的处境。事情已经发展到了一个临界点，如果有外部资金注入，Facebook整体价值的提升甚至可以抵消股权割让的遗憾。扎克伯格很快意识到了这点，现在的问题是：要找个靠谱的投资人。

掌握公司控制权

肖恩·帕克在融资方面发挥了巨大作用。他为扎克伯格介绍了雷德·霍夫曼、彼得·泰尔等投资人。前者同时是社交网站LinkedIn创始人，后者是专业投资人，主要投资创业型公司。

2004年秋季的一天，扎克伯格穿着牛仔裤、T恤衫和人字拖走进了彼得·泰尔的办公室。他没有因为出席正式场合而穿正装，也不是为了引起投资人的注意而故意邋里邋遢，一切都是那么自然，全非刻意为之。扎克伯格以本来面目示人，没有不懂装懂，交谈中遇到不懂的问题便虚心请教。这反倒给彼得·泰尔留下良好的印象，认为这是一个"值得支持的企业家"。

几天之后，彼得·泰尔同意向Facebook投资50万美元，获得10%的股份，这使Facebook估价达500万美元。泰尔认为，这是"非常合理的估价"。相比其他投资人的出价，这个价码稍低，但扎克伯格通过几天的交流发现，彼得·泰尔不是那种干涉公司经营的投资人，他的加入将令整个公司获益。于是，扎克伯格接受了彼得·泰尔的投资，泰尔进入公司董事会。

雷德·霍夫曼等也向Facebook进行了小额注资，大约10万美元，进一步压缩了创始团队的股份。之所以接受他们，是因为扎克伯格看中雷德·霍夫曼等人在创建社交网站方面的丰富经验以及持有的社交网站的执照。对于Facebook来说，这些无形的财富可以为其规避许多成长误区。

这一轮注资完成后，Facebook进行了重新架构。董事会增加到四个席位，彼得·泰尔、肖恩·帕克和扎克伯格各占一席，剩余一席暂时空缺，由扎克伯格掌控。这样一来，扎克伯格便控制了董事会的半数席位，在制度上保证了未来的投资者无法控制公司。对此，彼得·泰尔认为没有什么不妥，肖恩·帕克表示全力支持，他可不希望发生在自己身上的悲剧在扎克伯格身上重演。

肖恩·帕克此时已经被视为创始团队中的一员，拥有了不被质疑的权威。莫斯科维茨认为，帕克吃过苦头，知道如何组建一家公司，如何获得融资，"能够设法保护我们的利益"。

避免误入歧途

莫斯科维茨和帕克将全副精力投注到Facebook上，但对扎克伯格来说，Facebook并非他的全部。

在创办Facebook的同时，扎克伯格与两位好友麦克科伦和德安杰洛一起编写了一款程序Wirehog。这是一款分享软件，可以上传图片、音频和视频，扎克伯格有信心让它与Facebook并驾齐驱。他专门成立一家公司来运作Wirehog，一共五位股东，除他自己外还有两个搭档——麦克科伦和德安杰洛，以及并不怎么看好这个项目的莫斯科维茨和肖恩·帕克。

莫斯科维茨和肖恩·帕克主管Facebook，麦克科伦和德安杰洛负责Wirehog，扎克伯格统掌全局。肖恩·帕克认为，"Wirehog是一个很糟的点子，会分散我们大量精力，不应该继续发展它"。但扎克伯格认为，Wirehog的分享功能对Facebook是一种补充，他试图把两者结合起来。

2004年11月，Wirehog正式上线运行。在Facebook主页上，专门有一段文字对其进行说明："Wirehog是一个社交用途的应用程序，使朋友们可以通过该网站互相交流各种类型的文件。Facebook和Wirehog是兄弟公司，因为Wirehog知道你的朋友是哪些人，这样就可以确保只有你的网络中的那些人可以看到你的文件。"可见，Wirehog有意借助Facebook实现互动。

Wirehog的许多功能对Facebook用户来说过于复杂，因此并不受欢迎。更要命的是，Wirehog在版权上留有隐患，如果Facebook

用户通过它下载软件，很可能因此陷入版权纠纷。认识到这个事实，扎克伯格随即把Wirehog关闭了，他已经在这上面花了太多的时间和精力。

三心二意不是什么好事，过多的杂念甚至可能导致满盘皆输。如果两个念头同时涌动，不妨先将胜算大的那个做好，否则赔了夫人又折兵，而避免越陷越深的办法就在于发现错误后立即纠正。

融资误区和技巧

苹果公司、派拉蒙影业开始在Facebook上投放广告。此外，Facebook也向个人用户提供广告发放服务，收费标准是每天100美元。零散的广告让Facebook暂时财务无忧，却无法满足长足扩张的需求。

2004年10月30日，Facebook用户数量达到100万，这时，它才成立10个月。越来越多的投资者致电扎克伯格，希望为Facebook提供风险资金。扎克伯格无意引资，他拒绝了包括红杉资本在内的多家风投，是因为"我确实不想接受风险投资的注资，我不想按这一整套硅谷公司的模式来"。

总之，扎克伯格不希望别人干涉他的业务，他要自己执掌Facebook的航向。

但随着第一轮融资即将花光，如果扎克伯格不希望Facebook停滞不前，他就必须引入外部投资。一个偶然的机会，扎克伯格接触到华盛顿邮报公司的CEO丹·格雷厄姆。后者告诉他："如果想要一个非风险投资的投资方，或者一个不向你施压的投资方，我们或许有意为你的公司注资。"

正当华盛顿邮报公司与Facebook就投资事项密切接触时，维亚康姆集团向Facebook抛来橄榄枝。维亚康姆集团愿以7 500万美元直接收购Facebook，扎克伯格放弃了这个成为千万富翁的机会。与此同时，精明老道的肖恩·帕克故意将此事透露给华盛顿邮报公司。华盛顿邮报公司很快表明态度：以600万美元购买Facebook10%的股份，Facebook的估价达到6 000万美元。维亚康姆集团是美国领先的传媒集团，与华盛顿邮报公司在许多领域存在竞争。肖恩·帕克正是利用了这点，催促华盛顿邮报公司尽快出价，使双方围绕Facebook形成竞争，从而抬高了Facebook的估值。

然而，尘埃尚未落定，阿克塞尔合伙风险投资公司开出更高的价码。阿克塞尔公司将Facebook估值抬高到1亿美元，愿意花1 270万美元入股，比华盛顿邮报公司的出资额高出一倍还多。

在与阿克塞尔公司的合伙人吉姆·布雷耶见面第二天，扎克伯格致电丹·格雷厄姆，想听听他的意见。接到扎克伯格的电话，丹·格雷厄姆的第一反应就是，"对于一个20岁的小子来说，真不错——他打电话来并不是告诉我，他准备接受其他公司的投资，而是找我商量"。

丹·格雷厄姆询问这笔投资对Facebook的重要性，扎克伯格告诉他，有了这笔钱可以更好地解决财务问题。最终，丹·格雷厄姆鼓励他："去吧，接受他们的投资，把公司发展好！"

Facebook接受了阿克塞尔公司1 270万美元的注资。与此同时，肖恩·帕克重新架构了公司董事会，增至五个席位，吉姆·布雷耶和彼得·泰尔各占一席，帕克占一席，扎克伯格控制两席，保证对

Facebook拥有绝对控制权。吉姆·布雷耶对此没有异议，让扎克伯格放心大胆地经营。

借助资本的力量

阿克塞尔公司的巨额注资为Facebook提供了长足发展的本钱，2005年秋天Facebook已经覆盖了全美85%的大学生。2005年10月，Facebook用户数量达到500万，每天点击量高达2.3亿。

2006年2月，应高中生要求，Facebook向全美高中开放，而不再局限于大学。两个月后，Facebook的高中用户突破100万。5月，Facebook进入印度高校。8月，Facebook向德国高校和以色列的高中开放。2006年9月，Facebook向所有互联网用户开放，只需要有效邮箱便能注册，用户数量迅速达到1 000万。到12月，Facebook上长期活跃的用户数量突破了1 200万。

期间，扎克伯格拒绝了一笔7.5亿美元的收购，并于2006年4月完成新一轮注资，获得2 500万美元的投资。进入2007年，Facebook在不断完善服务的同时开始接受第三方应用软件，打造互联网开放平台。随着点击率的攀升，Facebook在2007年9月进入全美十大网站之列。

随后两年，Facebook进入高速增长期。随着Facebook不断在全世界各个国家和地区开通，其逐渐覆盖了全球各大洲，注册用户量数以亿计。2009年年底，Facebook注册用户达到3.5亿，成为全球第四大网站。Facebook深深植入人们的生活，马克·扎克伯格在自己的官网上称："如果Facebook是一个国家，将是世界上人口第八多的国家，略多于日本、俄罗斯和尼日利亚。"

与此同时，Facebook被资本市场持续热捧。2009年，来自俄罗斯的投资巨头DST（Digital Sky Technologies，俄罗斯投资者数字天空技术）向Facebook注资2亿美元，获得2%的股权，Facebook估值达100亿美元。2011年，DST联手高盛再次向Facebook注资5亿美元，占股5%，意味着对Facebook的估值达到500亿美元。

2011年，扎克伯格在公开场合透露Facebook用户数量突破8亿，成为全球第一大社交网站。身为Facebook首席执行官，27岁的扎克伯格以40亿美元身价，成为世界上最年轻的亿万富翁，还被《福布斯》评选为全球最有权力的商业领袖之一，而他依旧是Facebook公司上班最早、下班最晚的人。

梦幻故事与现实泥土

2012年5月18日，美国纳斯达克市场正式迎来Facebook，以38美元的单价募集160亿美元。此时，Facebook的市值超过1 000亿美元，超过了迪士尼、福特汽车等著名公司的市值，而28岁的扎克伯格身价达到近300亿美元，成为全球最富有的人之一。2014年9月，Facebook市值突破2 000亿美元，成为全球排名第22位的大公司。这可真是一个梦幻般的故事！它几乎具备了这个年代一切令人想入非非的元素：白手起家、年轻有为、巨额身家……它并非海市蜃楼，也不是碰巧走运，耀眼光环下，有其现实泥土。

扎克伯格不是一个好学生，至今也没有显现出过人的领导才能和企业家气质，但这并不妨碍他作为创业者带领Facebook走向成功。与大多数创业型公司一样，Facebook也经历过挫折、煎熬和迷茫，扎克伯格为其付出无数时间、精力和心血，甚至不惜与合伙人决裂。他是个能干、肯干的人，即便今天，通宵达旦地编程对他来说仍是家常便饭，但这些都不是我们讨论的重点。

就像人们常说的那样，努力不一定成功，不努力肯定不能成功。Facebook走到今天这一步，除了必不可少的汗水、冥冥之中的运气，还有其他更隐蔽的硬性因素，比如创始人的极客基因、团队的血液更新、资本注入、公司架构以及行业潮流的助推。这些综合因素共同促使Facebook从草创团队向高效组织进化，逐渐形成自我更新的能力，以内生力量破茧而出。

自古以来，交流便是生命本能，催生繁杂多样的行为，其中更蕴含无数商机。人类世界进入到互联网时代后，释放出了交流的无限可能。光纤、电缆把一台台计算机链接起来，借此实现信息传递，当人加入其中，便有了语言的交流和思想的碰撞。另一方面，人们总是呼唤更便捷高效的方式，对分享与沟通的渴求推动着互联网创新，这正是Facebook得以存在并迅猛壮大的原因。

Facebook从哈佛到常春藤盟校，从全美到全球，急速膨胀的用户基数证明了其存在的必要。可以说，Facebook找到了一条被人们认同、接受的交流途径，它是符合时代潮流的。

符合潮流是一回事，生存下去则是另一回事。如果没有一个执着的创始人、一支抱有相同价值观的团队以及宽容的创新空间和宽松的资本环境，Facebook可能无疾而终。在它之前，仅常春藤盟校就有若干校园社交网站，更不用说货真价实的MySpace和Friendster了。

扎克伯格钟爱他的网站，除了为之日夜编程，另一个表现是，不容外部势力影响它的形式和内容。他具有极客的典型特征，对技术如痴如醉，属于工作起来便没日没夜的那种人，并具有独特的审美视角和产品观念，追求趣味和快乐，产品首先要"酷"，然后才是其他。

扎克伯格会因为风格不符而将广告商拒之门外，不会为了虚假的和平向合伙人爱德华多·萨瓦林做出丝毫让步。他最爱的是他的网站，其他一切靠边站。萨瓦林的出局和肖恩·帕克的加入都是出于公司健康发展的需要，而当肖恩·帕克贡献完自己的力量后，他便坦然接受了出局的命运。

肖恩·帕克重新架构了Facebook，这对其产生了深远影响——不仅使之成为一家现代化公司，进入规范、高效运行的轨道。更为关键的是，帕克以自身经历引起扎克伯格对风险资本的警觉，并在公司架构上出谋划策，为扎克伯格保有Facebook控制权建立了合法基础。

作为创始人，扎克伯格是Facebook当之无愧的灵魂，但从才能上看，他并不适合管理一家公司。好在肖恩·帕克建立的全新的公司组织，令他得以选贤任能，聘请雪莉·桑德伯格作为首席运营官。后者把Facebook从财务困顿中解救出来，将流量、用户与平台，转化为广告、游戏和现金流。由此使Facebook的盈利能力迅速提升，对投资人的吸引力同步增加。

最后一点，资本环境对创新的包容、对创业的培育，从外部支撑着Facebook一路渐行渐远。当然，Facebook上市后，资本也获得了丰厚回报。这本来就是一个多赢的结局。

附 扎克伯格传奇故事中的细节

　　财富传奇总是会让人不由自主地模糊现实中的真实细节。当财富传奇化、成功模式化、企业家明星化，一切都被披上了光鲜亮丽的画皮时，那些包装之后的故事却总是显得那么的苍白和乏味。

　　曾几何时，那些突兀的眼神、不经意的动作、瞬间的思绪、下意识的习惯，都成为被忽略的细节，成为渐行渐远的片段，是成功人士不愿提及的前尘往事。然而，恰恰这些凌乱琐碎、鲜活生动的真实细节，才是所有故事的内核、所有传奇的精华。

　　毕加索说："当一切细节都被遗忘的时刻，才能产生雕塑。"生活毕竟不是艺术，忘记过去就意味着背叛，遗忘细节无异于自欺欺人。

　　追求成功没有错，学习成功更没有错。关键的问题是，在这个流行PS的世界里，那些传奇故事只剩下空洞的财富、权力、名誉，在一个鼓励复制的社会中，那些传奇故事中主角的身影已经失真。

　　谁能真正成为我们的成功学导师呢？

　　扎克伯格，又一个财富神话的缔造者，享受到前所未有的荣耀，也遭受了前所未有的争议，他有自己的成功学导师吗？

　　在刚刚迈出创业第一步的时候，就面临抄袭创意的指控，尽管真实的情况难以考证；在万众瞩目的新闻采访中，穿着一双露出脚趿的橡胶拖鞋走上舞台，个性使他一贯如此；在24岁的时候，有专门的电影为他的成功立传，尽管这并非他所想；在拥有富可敌国的财富的时候，依然租住在一室一厅的老式公寓当中——金钱并非他所想；在20岁出头的时候，签署不菲的身家捐赠承诺书……

阅读扎克伯格传奇故事中的细节时请忘记他头上的光环、他的财富、荣誉与权力吧！

他从10岁开始自学编程，他高中时期拒绝高薪聘请，他在哈佛大学里曾经无所忌惮，他在加州帕洛阿尔托的创业基地通宵达旦，他在产品推出失败时差点卖掉公司……请关注这些故事的细节。

为了挑战自我，他把打领带、学习中文、只吃自己屠宰的动物设为自己的年度目标；在危机处理中，他学会沟通与妥协，他的方式由强硬变得温和……当然，为了真正的成功，他在心中建立了一个"乌托邦"，尽管深知路途漫漫，但他坚守自己的原则，锲而不舍，孜孜以求。请记住这些真实的细节。

为了企业，为了学习管理，他也曾找各种成功人士交流，并与比尔·盖茨、布雷耶、格雷厄姆成为莫逆之交。但是对于扎克伯格来说，他只有唯一的成功学导师，那就是他自己！

每个人都应该成为自己的成功学导师。

杨德昌在电影里说："这个世界上没有一个人知道自己要的是什么。每个人都在等别人告诉他该怎么做，他就跟着怎么做。你只要很有信心地告诉他们，他们要的是什么，他们会感激你。"因此，这是一个充满误导的世界，那些忽略细节的神乎其神的传奇故事，就有着不可忽视的误导性。那些充满着一腔热血的成功冲动、异想天开的致富路径、不择手段的竞争方式的"成功学"，忽视了个体、环境、时空的差异，把每人都逼成了"成功综合症"患者。

原中央电视台主持人、优米网创始人王利芬曾在节目中说过这样一段话："因为我们步伐的加快，因为变化的提速，因为全球的不确定，我们坚持却找不到内心的依据，我们放弃却发现新的开始太艰难，我们寄居在别人的领地却不情愿，我们坚守在自己的船上却难以靠岸，我们徘徊却丧失了应有的机遇，我们奋斗却看不清前方的激流险滩，我们焦虑却不知其所以然，我们淡漠却无法面对内心的呼唤……"

这些都是忽视细节与真实的"成功学"带给我们的隐患。

尽管已经成为公众人物，但扎克伯格是一个本性害羞、内敛的人，他独特的个性也影响了外界对他的了解，因此有关他的故事的细节变得更加神秘而不为人知，也才会出现电影《社交网络》中的各种误解。在扎克伯格的另类故事中，我尽了最大的努力，挖掘其成功背后的真实细节。

但是，即使是对于扎克伯格这等人物，所谓成功，也永远只是对其过去的一种肯定。2012年5月，扎克伯格带领着Facebook上演了一场剧情复杂莫测的悬疑剧。

这个5月，扎克伯格忙碌不堪。5月14日，在他年满28周岁的当天，女友普莉希拉·陈正好从加州大学医学院毕业；5月18日，Facebook登陆纳斯达克，遭遇交易故障，惊险重重；5月20日，扎克与女友喜结连理，在加州举行了小型的结婚仪式。

这个初夏，更是风雨交加。伴随上述大事件频频见诸报端的，是社会各界对Facebook与扎克伯格的种种质疑。IPO路演中，扎克伯格标志性的套头衫着装被视为傲慢。上市之后的Facebook跌破发行价让人大跌眼镜，作为最大单一股东的扎克伯格迅速套现11亿美元让投资者丧失信心。更有甚者，Facebook股票一度成为美股市场中最大的卖空对象。

至于剧情的发展，是继续险象环生，还是翻盘大逆转，其实不重要。因为短期的情节，都不足以体现Facebook的潜在价值，也无法证明扎克伯格及其团队的真正能力。对于年仅28岁的扎克伯格以及一直在路上的Facebook来说，一切皆有可能。

一步步走来，从一无所有到权倾天下。支配他不断前进的源泉，是骨子里对电子产品的热爱，是发明创造的本能

安迪·鲁宾：一个极客的旁白

文 / 陆新之　邓　鹏

　　安迪·鲁宾是美国科技界炙手可热的人物，他开发的Android手机系统是这个星球上当今最火热的事物之一。在Android系统的猛烈冲击下，全球手机市场重新洗牌，诺基亚、RIM等老牌手机巨头日落西山，来自台湾的HTC借势而起，摩托罗拉、三星再现峥嵘，苹果公司遭遇挑战……

　　安迪·鲁宾是改变全球IT产业格局的人之一。在IT发展史上，Android的作用甚至可以与Windows媲美，正如当年微软在PC市场的崛起，凭借Android系统的迅猛发展，谷歌在平板电脑、智能手机等领域抢滩登陆。而安迪·鲁宾更被拿来与比尔·盖茨相提并论，就

> 仅凭一个好点子还不足以吸引投资人，如果有一家正规的公司来运作，在财务上进行完善，再加上一款出众的产品，也许不难赢得投资方的认可。

连史蒂夫·乔布斯生前对他也敬畏三分。

抛开这些耀眼的光环，安迪·鲁宾的身份是发明家、硅谷极客、机器人爱好者、电子产品发烧友、30余项专利的所有者，以及两家小公司的创始人。一步步走来，从一无所有到权倾天下。支配他不断前进的源泉，是骨子里对电子产品的热爱，是发明创造的本能。

1963年，安迪·鲁宾出生于纽约上州查帕瓜镇。在他刚开始记事的时候，电子浪潮席卷整个美国，引发创业风潮，做心理学家的父亲改行经商，创办了一家电子产品直销公司。

在这样的家庭环境中，鲁宾比其他孩子更早、更多地接触到电子产品。父亲将最新的电子产品拍照建立产品目录，之后它们便统统成为鲁宾的玩具。鲁宾从小就被包裹在一个由电子产品构成的奇妙世界里，他的卧室总是挂满了最新的设备，在潜移默化中，他对电子产品的热爱深入骨髓。

鲁宾在学生时代并不出众，就读的学校也属于普通水平。他在查帕瓜镇上的HoraceGreeley高中读了4年书，1981年进入纽约一所私立大学尤蒂卡学院，花了5年时间才拿下计算机科学学位。

学院式的理论研究并非鲁宾的特长，商业性质的科学发明才是他的兴趣所在。1986年大学毕业后，鲁宾在世界上最古老的光学设备制造商，鼎鼎大名的卡尔·蔡司公司获得一份工作。由于自动化方面的特长，在卡尔·蔡司公司，鲁宾担任机器人工程师，后来被派遣到瑞士领导一项机器人项目。如果不是一次偶然的经历，他或许还要在这家德国公司打拼多年。

1989年夏天，鲁宾到开曼群岛度假。一天深夜，鲁宾遇到一个露宿街头的家伙，但从衣着看此人并非穷困之辈。在好奇心驱使下，鲁宾与他交谈，得知他被女朋友赶出住处，由于事出仓促，来不及准备钱财，一时间竟无处落脚，只能夜宿街头。鲁宾善心大发，为他找到一个住处。

感念之余，此人慷慨许诺，可以引荐对现状不满的鲁宾到自己所在的公司——苹果公司。

全力投入挚爱之物

1989年，假期结束不久，鲁宾就成为苹果公司的员工。此时，苹果创始人史蒂夫·乔布斯已经被驱逐出去，担任首席执行官的是百事可乐原总裁约翰·斯卡利，在他带领下，苹果公司正四面扩张。

在那个年代，苹果公司是极客的天堂、发明家的乐园。财力丰盈的苹果公司鼓励技术创新和发明，并致力于将它们推向市场。同时，管理的散漫为奇思妙想提供了生存空间，催生出各种奇妙的点子。从呆板沉闷的德国公司跳槽到活力四射苹果公司，鲁宾尘封的灵感被成功激活了。

在苹果公司，鲁宾参与了多项革命性产品的研发，其中包括世界上第一部无线PDA（掌上电脑）、第一个软Modem（路由器）。可惜，从1989年鲁宾入职开始，苹果公司就开始走下坡路：管理上的弊端逐渐暴露出来，公司前景黯淡，财务堪忧，一些很好的创意得不到重视，许多工程师心生离意。

1992年，鲁宾从苹果离职，加入一家名叫通用魔术（GeneralMagic）的公司。该公司前身是苹果通讯设备部门，创始人是比尔·阿特金森、安迪·哈兹菲尔德和马克·波特。他们都曾是苹果员工，由于开发的手机项目无法获得苹果管理层的认同及资助，1990年从苹果脱离出来独立运营。到1992年时，已经在业界小有名气，与摩托罗拉、索尼、飞利浦等建立了市场关系。

通用魔术公司的核心业务是智能手机操作系统，鲁宾之前曾参与这个项目并显示出了出色的研发能力，他的到来令公司实力倍增。虽说是后来者，鲁宾的热情和投入丝毫不逊色于创业者。他在办公室搭床，吃住都在那里，与马克·波特等人夜以继日开发MagicCap系统。

1995年2月，通用魔术公开上市，在投资者的追捧下，上市当天股价翻了一番。然而由于MagicCap系统过于超前，无论是以摩托罗拉为代表的硬件厂商，还是AT&T等通讯运营商都无法接受，通用魔术很快陷入绝境。最后，创始团队不得不将公司转让给他人，逐渐转向其他领域。

为了兴趣，丢掉饭碗

1995年7月，从通用魔术辞职的史蒂夫·帕尔曼、布鲁斯·李可与菲尔·高盛三人创办了Artemis研究中心，即WebTV网络公司的前身。由于人手不足，他们从之前的公司那里大量招募员工，很快发展成了30人的团队。作为前同事，安迪·鲁宾应邀入伙，担任技术工程师。

Artemis网站声称其研究范围是："失眠、厌食、社交恐惧以及自闭等问题。"但实际上这只是为了掩饰业务性质，其实际业务是开发针对电视观众的瘦客户端，以便他们能够从网络上选择性收看电视节目，核心产品是一个可以通过电话线、调制解调器连接互联网的电视机顶盒。

1995年9月，Artemis获得第一轮融资150万美元，不久更名为WebTV网络公司，横空出世。安迪·鲁宾继续那种无休止的研发生活，他甚至将床搬进了办公室，并获得了多项通信专利，WebTV机顶盒商品化成为现实。WebTV网络公司与飞利浦、索尼等国际巨头建立起合作关系。WebTV机顶盒分别以349美元和329美元的价格出售给索尼和飞利浦，一套无线键盘额外收费50美元，每月服务费为19.95美元，允许用户在电视屏幕上浏览网页、收发邮件。

起初，市场反应冷淡，到1997年4月，只有5.6万用户。但随着市场逐渐认可，用户数量迅速攀升。1997年秋季，仅仅过了半年时间，用户数量便达到15万。这年，营业收入超过1亿美元。

> 对于未来收益不明朗但前期投入巨大的创业项目，没有雄厚的财力支持，将是一件极其危险的事情。

WebTV网络公司迅速地引起了各界的关注。正致力于构建网络电视产品与服务的微软将其视为兼并对象，比尔·盖茨亲自出马谈判，最终以4.25亿美元将其收购。作为微软位于硅谷的分公司，安迪·鲁宾继续留在WebTV网络公司。随后，在微软的强力后盾支持下，WebTV获得了飞速成长，用户数量在1998年突破30万，1999年达到80万，发展势头一派良好。

WebTV的崛起，离不开包括鲁宾在内的创业元老的付出。然而，就在1999年，由于一个过错，鲁宾丢掉了饭碗。事情的起因是，鲁宾制造出一个装有摄像头和麦克风的机器人，在公司内到处游荡。有一次，控制机器人的计算机被黑客入侵，虽然没有造成实质性损失，却吓坏了微软安全部门。他们勒令鲁宾将这个机器人处理掉，鲁宾未予理会，而是选择了辞职。

一个好点子胎死腹中

在苹果公司、通用魔术和WebTV的工作经历拓宽了鲁宾的产业视野，同时让他积累了深厚的技术基础，也结交了大批志同道合的工程师朋友，为随后的创业提供了宝贵的资源。

1999年，从WebTV离职之后，鲁宾在硅谷中心城市帕罗奥图成立了一个实验室，开始了一段短暂的自由散漫的极客生活。实验室摆满各式各样的机器人，鲁宾一天的大多数时间就在这里度过。沉浸其中，鲁宾对电子产业的兴趣复燃了，不分昼夜地构思、开发各种新奇的电子产品。

当时正是互联网经济巅峰，硅谷充斥着各式各样的互联网公司，但人们对互联网的应用大多局限在电脑上。鲁宾认为，这些硬件其实并不能满足人们对互联网的个性化需要，于是设计了一款手机大小的设备，可以用来扫描物品，将图片上传到互联网，以便发掘更多的关于这些产品的信息。这款被鲁宾称为"数字化海绵"的设备定价10美元，但由于商业前景不被投资人看好，仅凭鲁宾个人的财力，显然无法将之大规模生产，最终只得胎死腹中。

此事让鲁宾意识到资金的重要性。有时候，仅凭一个好点子还不足以吸引投资人，如果有一家正规的公司来运作，在财务上进行完善，再加上一款出众的产品，也许不难赢得投资方的认可。

创办Danger公司，声名鹊起

2000年，鲁宾与两位前同事联手创办了Danger公司，致力于研发移动平台、软件、服务和设备。

鲁宾将之前那款不成功的产品进行二次研发，增加了无线接收器和转换器以及许多新功能，并植入自行开发的DangerOS系统，使之摇身一变，成为一款拥有全键盘、大屏幕的智能手机。当然，最核心的上网功能再次得到加强。鲁宾将这款手机命名为Sidekick。

Sidekick研发出来之后，受到德国移动运营商T-Mobile的青睐，并向Danger公司定制，由夏普代工生产。

作为一家籍籍无名的小公司，Danger的优势在于产品设计与研发，而生产制造与销售等环节则交给专业公司，借助它们的力量生存、发展、壮大，这就是安迪·鲁宾为Danger公司找到的商业模式。这恰恰体现了正确的自我定位。所谓"弱水三千，只取一瓢"，小公司最忌求大图全，与其无限扩张业务范围，不如静下心去，在所擅长的领域耐心耕耘，为未来打下坚实的地基。

2002年10月，Danger公司正式发布Sidekick系列首款产品Hiptop，其最引人入胜之处在于集合了网上冲浪、电子邮件、网上聊天、在线游戏等功能，一经推出便受到欧美商务人士的热烈追捧。在2002年的全球消费电子产品展览会上，Hiptop被评选为年度最佳掌上无线移动设备。

Hiptop在市场上一炮走红，为Danger公司赢得了市场和业界的诸多赞誉，安迪·鲁宾也声名鹊起。

2002年，安迪·鲁宾应邀到斯坦福大学做演讲，其间发生了一段小插曲。当时谷歌创始人拉里·佩奇在台下聆听讲座。演讲间隙，拉里·佩奇找到安迪·鲁宾与他攀谈，并试用鲁宾的手机，发现Google已经被列入默认搜索引擎。受此启发，拉里·佩奇萌生了开发谷歌手机和手机系统的念头。后来谷歌果真向这两个领域进军，而安迪·鲁宾成了项目负责人。

被董事会罢免，黯然出局

在Danger公司，鲁宾的职位是CEO，他尽最大努力做好一个经营者和管理者，尽管这并非他的强项。

鲁宾是一个优秀的工程师，但还不足以成为一个出色的管理者。在他领导下，Danger公司对产品研发不遗余力，市场开拓却进展缓慢。因此，尽管品质优秀、理念超前，但Hiptop一直无法打开更大的市场。这引起了董事会的不满。2003年，董事会罢免了鲁宾的CEO职位。

2003年晚些时候，由于对新管理层不满，鲁宾离开了一手创办的Danger公司，再次成为无业游民。

创始人被董事会罢免，这样的事情并不少见，史蒂夫·乔布斯、肖恩·帕克等人都有此经历。大多数故事的结果都是两败俱伤：创始人丢掉了公司，公司则元气大伤，在资本和市场压力下面目模糊。从感情上，对创始人来说，出局固然难以接受，但从长远看，若能果断抽身也不失为明智之举。对于创业型公司来说，保持稳定发展至关重要，管理层的争斗无疑会拖累公司发展。既然管理变更不可避免，最好的办法就是尽快解决，以免拖延日久。

安迪·鲁宾奉行的是简单主义，他明白自己的长处，也清楚地知道自身的不足。工程师创业拥有技术优势，鲁宾将此发挥到淋漓尽致，领导开发了Sidekick手机，并得到了市场的认同，这使Danger公司获得立足之地，并为未来留下成长空间。至此，安迪·鲁宾的使命已经完成。至于将Danger公司发展壮大，那应该指望更专业的经营管理人才，而不是一个技术天才。

从本质上看，安迪·鲁宾具有创业狂的特质：能够轻松地创立一家公司，却不可能在某个领域留恋太久——他们的想法太多了，才华横溢、精力十足，总是处于活跃状态，即便遭遇失败也来不及惋惜和懊悔，因为还有更多的事情等着他们去做。人生简直就是由一连串无休止的创业组成。

从Danger公司离职后，鲁宾跑到开曼群岛消磨了一段时间，但已经尝到创业甜头的他不甘寂寞，又开始计划新的创业项目。由于在卡尔·蔡司公司的经历，鲁宾萌生了研制数码相机的想法，他兴致勃勃地编写了一套针对数码相机的软件，准备大干一场，只是因为无人投资，不得不作罢。随后的几个计划均无疾而终，最终，鲁宾又将目光转回到智能手机领域。

Android诞生，终被收购

2003年10月，安迪·鲁宾与尼克·斯尔、克里斯·怀特等人在帕罗奥图创建Android公司。Android是一部科幻小说中对机器人的别称，身为机器人爱好者的鲁宾将之作为公司名称可谓别有意味。

鲁宾拿出所有积蓄，召集了一批工程师，致力于开发一个面向所有软件开发者的开放式移动手机平台。这个项目融合了鲁宾毕生的工作和创业经历，是他技术的集大成者，其中有通用魔术公司MagicCap系统的身影，也有WebTV对互联网的敏锐感知，以及Sidekick系列手机在智能手机领域的经验。其中的精髓则是互联网概念与开放式平台，这放大了该项目的商业意义。

未来收益不明朗，但前期投入巨大的创业项目，如果没有雄厚的财力支持，将是一件极其危险的事情。不幸的是，Android项目正是这样。启动资金很快便全部花光了，无米下锅，项目面临解散风险，鲁宾不得不放下手头的工作，四处找钱。危急关头，老朋友史蒂夫·帕尔曼借给鲁宾1万美元，帮助他暂时渡过难关。后来，史蒂夫·帕尔曼多次出钱，累计投入10万美元。

史蒂夫·帕尔曼商业眼光出众，不仅帮助鲁宾完成Android项目的前期开发，还为公司前途出谋划策。在史蒂夫·帕尔曼看来，Android最好的出路是依傍一家气质相投的大公司。

某种程度上，创业就是一项前无古人的事业，对于创业者来说，创业过程中遇到再多困难也不稀奇。所谓万变不离其宗，具体问题虽然千差万别，但是有两件事却是老生常谈：第一，资金问题。由于不清楚什么时候盈利，未来还会遇见何种难题，启动资金当然是多多益善的。但这基本上很难办到，所以就会出现第二个问题：缺钱时怎么办？是选择融资，还是接受收购？

这就是当时摆在鲁宾面前的两条岔路，它们通向不同的结果。

2005年，安迪·鲁宾为Android系统更好地发展而投入了谷歌的怀抱。之后，Android系统发展迅猛，引发了一场科技革命，不仅令手机行业重新洗牌，并且延伸到手持终端和个人电脑领域。2010年，在美国市场上Android智能手机的市场份额首次超过苹果iOS智能手机。2014年第三季度，在全球智能手机市场上，Android所占的市场份额已达83.6%，而苹果所占的份额只有12.3%。

作为发明家的鲁宾追寻的是将科学发明付诸市场化产品的可

能，这在某种程度上影响了他作为创业者的魅力。因此，他总是处于缺钱状态。每个企业都做不大，或者刚开始就拱手让给了别人。从这一点出发，就不难理解安迪·鲁宾为何将Andriod卖给谷歌：他真正关心的是自己的发明创造是否能够普及应用，而非建立一家以盈利为目的的公司。这样的创业者可能有无穷的思路或灵感，不用多少周折即可将之变为产品，但是，产品的商品化过程却是他们的软肋，找到一棵大树不失为一种生存之道。

"我的内心深处也觉得摆摊卖货不是一件光彩的事，只不过我深信，自己不会永远摆摊。"

刘强东：卖货的斗士

文/陆新之

没有人能想到，2003年的春天，会以这样一种方式开始。

灾难的种子在2002年的年底就被埋下了。

2002年11月16日，在广东佛山发现了第一起病例，病人出现一系列类似肺炎的症状，却因为没有先例，而被含糊地称为非典型性肺炎，简称非典，英文名称叫做SARS。之后的三四个月时间里，这种疾病在粤港两地开始蔓延，整个华南地区陷入恐慌。

非典可以通过呼吸道传染，这让大家觉得，只有待在家里才是最安全的。然而，它还是蔓延开来了，到2003年4月21日20时止我国已有确诊病例2 158例，疑似病例918例，24个省市区发现确诊病例或疑似病例；这个令人恐惧的传染病还在全球迅速蔓延，截至

> 一个人不可能同时做好两件事，一个公司的核心能力也只有一点。

4月21日，美国、新加坡、加拿大等27个国家和地区发现了总计4 060例病例。

这会不会是一场灭顶之灾？

2003年的时候，没有人知道答案。广州和香港的居民还戴着口罩坚持着，北京却迅速成为一座空城，几乎一夜之间，公司放假了，学校停课了，大家收拾行李往城外逃。在其他城市，见到挂着北京牌照的汽车就要拦下来，不让他们进入自己的区域，如果听说谁家有人从北京逃回来了，防疫部门可能会连夜上门，把人抓去医院隔离观察。

这可不是开玩笑的，现在回想起那段日子，只有两个字可以形容，那就是"恐慌"。北京CBD的街道连续几个月都空荡荡的，所有的商店都是门可罗雀，房价一跌再跌……这一切，都在加重着这种恐慌。

打工的人可以卷着铺盖跑回家去歇几个月，做生意的人怎么办呢？

触网

在中关村卖光磁耗材的刘强东，感到了一种"森森的绝望"。中关村这个人口密度最高的地方，转眼之间，不堵车了，上下电梯没人挤了，同时也意味着，没人来买东西了。

2003年春天，刘强东被迫上网了。当然，他以前也会使用互联网，不过在他的心目中，"互联网就是一勾搭小妹妹"的地方，没什么正经的用处。非典让所有人都宅在家里的时候，他也不得不尝试和一些垂直网站合作，在论坛上继续卖他的IT硬件产品。几次合作下来，效果不错，刘强东就一拍脑袋，原来互联网不是一个那么不靠谱的地方，反正闲着也是闲着，与其跟人合作，不如自己做个论坛吧。

这个论坛，后来发展成为京东商城。

1998年，毕业两年的刘强东以12 000元的启动资金注册了京东公司，开始了在中关村摆摊卖光磁耗材的生意。此前他在一家日资公司工作，开始做电脑担当，后来做物流担当。看到日本企业的精细化管理和极其规范的作业流程之后，他明白了一家企业的成功靠的不是热情，不是给员工高工资，而是管理。

他再度选择创业的时候，互联网的热潮已经在中关村燃烧起来，而懂电脑会编程的刘强东却认定互联网只是一个方便某些人与女孩子搭讪的工具，他还是愿意以一种稳妥的、更加传统的中关村方式开始他的创业。当然，在1998年，这事儿还不叫创业，刘强东的行为有一种更妥帖的说法——在中关村练摊儿。"我父母不知道，我不敢告诉他们。"刘强东说，尽管他的父母也是小生意人，但是正如他所担心的那样，没有一个中国的父母，会乐见顶尖名校毕业的儿子混迹在中关村。"说实话，我的内心深处也觉得摆摊卖货不是一件光彩的事，只不过我深信，自己不会永远摆摊。" 两年之后，2000年，京东公司成为国内最大的光磁产品代理商，刘强东果真没有永远地摆摊下去。

刘强东是一个能接受现实的人。非典横行，让他强迫自己改变对互联网"只能勾搭小妹妹"的恶劣印象，尝试在网上做生意。开始时他和一些垂直网站或论坛合作，在这些论坛发起团购活动，看效果不错后，就建了自己的论坛。

网站建立之初，没有轰轰烈烈的融资，没有动听的商业故事，没有资本大佬们在背后的推波助澜，倒是有两个很乌龙的故事。刘强东说："当时我们没有人懂电子商务，也没有人懂互联网，可以说是一窍不通。比方说，有网站就要有服务器，可是一开始这个问题就让我们很摸不着头脑。当时公司上下几十号人没有一个知道怎么搞服务器，大家找了半天终于发现，原来前台的电脑性能最好，就把它当成服务器，实际就是台式机再加上块硬盘而已。然后做了一个简单的论坛的架构，就上线了。"没想到这个论坛第二天就被人攻破了，首页一打开就是一行鲜红的大字：京东的网管是白痴！刘强东在来公司的路上听说了这事，吓得脸都白了。赶紧找技术人员搞定，忙了一天好不容易恢复了。第二天打开首页一看，还是一行鲜红的大字：京东的网管还是白痴！这件事让刚刚"触网"的刘强东备感耻辱，不惜花"巨资"在外面寻找技术强大的网管。

一开始，刘强东只是把网上的销售当作公司的第三条腿，和代理、零售并重，但是几个月之后，他做出了一项重要的决定，把已经很赚钱的代理、零售业务都砍掉，专心做电子商务。这一决定遭到公司员工的反对，他们不理解，因为这三者并不冲突。可是刘强东觉得三条腿一起走路，肯定不如专注做一件事做得好。刘强东发现互联网并不是他一开始理解的那个互联网，而是一个具备更多优势的渠道。他是一个编程高手，所以京东公司从一开始就有自己的ERP系统，通过这样的系统，刘强东可以清楚地看到销售商的几个关键参数，比如资金利用率、经营成本等，利用互联网进行销售有着无可匹敌的优势。

我们不知道，在2003年，刘强东作为一个中国光磁耗材最大的渠道商，对于这个叫京东的网站有一些什么期待；他会不会想到，有一天，这个在上线第一天就被黑客刷"京东网管是个大白痴"的网站，会成为中国最大的B2C网站。我知道的是，刘强东的心态肯定和那些拿着风投的钱奔着去做改变世界的大事的人不一样，首先他只想改变非典时期的困难局面，其次他没有什么可输的。

放弃连锁，转战网络

2004年，在中国这块市场上，一共有4 000多家电子商务公司正在以不同的方式耕耘。据CNNIC（中国互联网络信息中心）统计，电子商务在2004年达到了117亿美元的规模，到2005年，将会达到160亿美元。

中国的电子商务，虽然还有种种的不足，企业的种种行为，也显示出自己的幼稚和青涩，但是毫无疑问，这辆车正在全力驶入一

　　　　　　　每一种新模式出来的时候，只要能够提升
　　　　　效率，压低成本，就会颠覆旧有的模式。

个快车道，正在以高于全球水平的速度发展。

　　这一年年底，刚刚涉足电子商务不到一年的刘强东也面临着新的抉择——继续原有策略做线下连锁店，还是放弃线下专心做网上销售？当时京东90％以上的利润来自连锁店，传统的光磁耗材业务仍然是京东的主业，为了摆脱非典带来的困境而开展的网上业务几乎不赚钱。但是，摆在刘强东面前的数字却告诉他另外一个现实：网上订单的月复合增长率达到26％，以一年16倍的速度增长。这个数字，是线下连锁店所不能想象的，而且成本更低。

　　在2004年的6 000万销售额中，来自线下和线上的量分别为5 000万和1 000万，网上销售的价格比线下大约低5%。也就是说，无论是销售额还是利润，京东的业务仍主要来自线下。但两者增长速度却有天壤之别：由于停止店面扩张，这一年线下业务大约只增长了不到15%，而网络业务的月复合增长率却达到了26%，即一年增长16倍，尽管部分原因是基数太小，但这个惊人的速度仍足以让刘强东在2004年年底时开始考虑：未来是继续原有策略做线下连锁店，还是放弃线下，专心做网上销售？

　　京东的团队几乎没有人认为这两者存在冲突：一个规模大，一个速度快，完全可以同时运作，没有必要放弃哪一个。刘强东却不这么想，"如果能做到1 000个连锁店，当然很有价值，同样，如果能做成亚马逊那样的网上零售公司，肯定也很有价值。但我从小养成的思维习惯是：一个人不可能同时做好两件事，一个公司的核心能力也只有一点。我们那么小，一定要把所有的资源集中在一点，才能获得一些竞争力，分散用力只能是找死，只能做一件事，我必须做出选择。"当时距京东从代理商转型连锁零售商不过3年时间，连锁模式在中国仍然处于高速发展阶段，黄光裕甚至因为国美的上市成为中国首富，刘强东的决定却是"赌一把"，放弃连锁，转战网络。

"说是赌一把，其实也不尽然，2004年我做了很多研究，受到最大的启发就是对供应链效率和成本的认识，我发现100年来全世界商业的发展都是围绕着这两条线，每一种新模式出来的时候，只要能够提升效率，压低成本，就会颠覆旧有的模式。为什么百货商场的毛利高达50%，沃尔玛只有15%，但沃尔玛的价值比百货商场高那么多？很简单，就是因为沃尔玛的成本更低，效率更高，它不需要50%的毛利，只要有15%就能赚钱。所以我认为毛利率对零售来说是没有意义的，做零售比拼的是运营效率和运营成本，如果每个人都在追求40%、50%的毛利率，商业模式就不会进化，也不会给消费者带来价值。一个产品交给你，你要加上30%卖出去才能赚钱，损耗这么多，你还有什么价值可言？"刘强东说。但是，"网上业务比连锁模式又往前推进了一步，成本还要低、效率还要高，这是促使我下决心放弃连锁，做网上零售的真正原因"。

这是一个很大胆和冒险的决定，刘强东不知道的是，这个决定改变的不仅仅是他自己和这家叫作京东的公司，它还将影响整个行业。

首次引入风险投资

2007年，距离刘强东架设一个销售硬件产品的网上论坛已经过去了三年时间，距离他决定彻底向互联网转型、关掉线下盈利能力很强的零售店并成为一个纯粹的电商，也过去了两年时间。而京东交出的成绩单是：除了北京之外，在上海开设了分公司并将业务拓展到广州地区，日成交单量超过3 000单，刘强东的信心更加坚定了。

2007年6月，曾经命名为京东多媒体网的网站更名为京东商城，网址也从www.jdlaser.com改为www.360buy.com。京东商城开始作为一家专业的B2C网站出现。我后来问过刘强东，京东在电子商务领域的发展是不是从一开始就比较顺利，没有遇到过什么特别大的困难。刘强东回答说，反正找客户对于他们来说不是一件很难的事。"公司的商业模式能够给用户带来比较高的价值，就不愁没有客户，客户是口碑相传的，特别是服务质量。网民天天挂在网上，什么消息、重大新闻一下子就传遍天下了，好的坏的都知道。"

这就是刘强东一开始的经营思路，事实上，这也是刘强东这个人给我的最初印象，我觉得他是一个比较现实和精明的商人，和我们所熟知的那些"互联网人"不太一样。他很少谈梦想，也不太谈将来，他说的话都是实打实的大白话。比如，他说他从实体转到网络，是因为他对中关村式的集贸市场的运营方式始终不太看好，而电子商务代表着一种更有效率的流通方式和经营模式，应该会是未来发展的方向。在最初的几年时间里，他既不找投资，也不打广告，几乎以一种默默无闻的方式在发展。如果你还记得1999年第一波互联网热潮发轫的时候，那惊天动地、唯恐天下不乱的营销手段和对眼球的追逐，你就会发现这一波热潮中的人，至少有一部分是理性和谨慎的。

一直到2007年，京东商城发展的钱都是刘强东自己的，这让刘强东显得与众不同起来。后来有一次当我问到他京东商城亏损的问题时——好吧，这是一个标准问题，你可以拿去问任何一个互联网公司，然后就会如你所愿看到一些略显尴尬的神情和五花八门的回答，而刘强东的回答是比较拉风的，他说："我1998年12 000块钱起家，你觉得到现在我是亏钱的吗？"

在这相对默然的三年时间里，刘强东做的最重要的一件事情是信息系统的搭建。后来的发展证明了一点：磨刀不误砍柴工。这位社会学专业毕业的年轻人，因为在中关村混迹多年，在踏足电子商务行业之初就认定，电商的竞争力首先在于其自身的系统。"只有拥有一个高效、精准、控制力极强的信息系统，电子商务业务才会具备坚实的基础。"

刘强东坚持不做任何广告。这不仅在互联网公司极其罕见，即便是一个普通的销售公司，也是有悖商业常识的。这一点让我在很长的时间里都认为刘强东是一个低调谨慎的生意人，他用一种相对传统的方式来做互联网这门生意，实际上，他也这样对我说过："因为我们是一个零售商，做传统渠道也好，做网上销售也好，本质上都是零售。而零售是有实体的交易，不像做视频网站、社交网站需要集聚人气，我们是用实物去满足网民的需求，所以我们一直认为绝对不能依赖于广告，依赖于广告是最严重的问题。你看第一波互联网热潮中疯狂打广告烧钱的公司，差不多都死光了，当当网能存活到现在而且宣布盈利，你仔细研究就会发现他们在广告上也是很谨慎的。"当然，后来我发现，即便这个刘强东是真的，那也只是他性格的一个侧面，很具欺骗性。

所以，一开始的故事，对于一个看客来说，显得太过严谨而不够戏剧性。

这一切在2007年发生了改变。这一年，京东商城引入了风险投资，第一轮投资来自于今日资本，金额是1 000万美元。今日资本的创始人徐新后来对媒体回忆当时的情形："当时我们是在北京的香格里拉见面，从晚上10点谈到凌晨2点，短短4个小时，我就决定投资了。有两点很打动我，一是京东的成长速度，当时在没有任何广告推广的情况下，每月的自然增长超过10%，说明网站一定是在某个地方打动了消费者，证明他们做的事儿是对的；二是看人，刘强东很讲诚信，他每天花大量时间看用户的回帖，和用户走得很近，另外之前也有过创业的经历，说明他热爱创业，也有一些管理小团队的经验。"

徐新问刘强东需要多少资金，刘强东说200万美元。这个数字对于徐新来说太低了，低于500万美元今日资本是不投的。于是刘强东"被迫"接受了500万美元的投资，这笔钱他打算主要投在仓储和物流上，等刘强东飞到上海在徐新办公室准备签订框架协议的时候，徐新又给了他一堆数据说这500万美元还是不够，接着京东和今日资本初步商定投入资金875万美元。到最后，徐新派专职调查人员调研京东后，在签订正式合同的时候，今日资本决定投资的数额是1 000万美元，因为徐新希望刘强东能把一部分的钱投入到品牌建设上去，她说服刘强东，强大的品牌对于一个要做平台的电子商在这个全速奔跑的年代里，只要有规模、有增长，就有一切。

务网站来说非常重要。

在宣布融资成功的新闻发布会上，京东商城这样描述自己的发展规划："去年年底才开始做手机，今年年初加大了家电产品的投入力度，目前IT产品仍将是主打，占60％的销售额，数码通讯类占30％。希望在明年年底把数码通讯和小家电的营业额做到50％以上，让3C产品三条腿比较平衡。销售额2004年为1 000万元，2005年3 000万元，2006年8 000万元，而今年要完成3亿元，明年要借奥运良机完成10亿元。"

很显然，引入风险投资意味着刘强东决定要开始提速了，他需要资金来进行品类的扩张，以达到做大规模的目的。当然，在投资人的建议下，他也开始尝试投放广告，但是量非常少。"实际上我们在这方面的投入非常少，目前只有3 000万，还包括了京东优惠券的发放。主要都是在互联网上，只有在年底或者某些特殊的时候，才会有一些户外广告，比如公交车的车身广告。但是总体而言，在这方面我们是非常谨慎的。"

这次新闻发布会是京东商城在媒体面前一次闪亮的登场，说实话，也的确令人眼前一亮。在很长时间以来，提到中国的B2C市场，第一时间浮现在人们脑海的就是当当网和卓越网，而这两位也的确在过去7年的时间里非常卖力地给我们演出了一场场激烈却不够精彩的肉搏战。口水横飞、价格刺刀让整个B2C市场看起来狗血漫天，但这7年的时间里，整个市场的发展和包括这两家龙头企业在内的网站，都没有能够获得我们期待中的爆炸式的增长，它们很稳健，但未能提供惊喜。甚至因为这样，导致我们都在怀疑，以音像、书籍为主打产品的纯线上电子商务有未来吗？它们挣扎了整整7年时间，仍然没有能够实现盈利。

我们不能说京东的模式就比当当网或者卓越网更高明，但是至少它以四年时间的发展告诉了我们一种新的可能，以IT、3C产品为切入点的纯线上电子商务平台，凭借产品特性的不同，可以取得不错的业绩。

爆发性增长

从2006年年底第一次引入风险投资开始，京东商城开始了爆炸性的增长。2006年有了手机，2007年覆盖小家电，2008年又开始涉足大家电。2009年1月，京东商城完成了第二轮融资。

"第二轮融资的大部分钱会用在物流、配送和售后服务系统的改造。"刘强东称，对于目前的京东商城来讲，最大的难题就是后端系统跟不上，而不是前端订单。"关键是订单来了之后京东商城的后台系统能不能及时处理。"

刘强东表示，京东商城在有一定规模之后依然要维持高速增长，这对后端压力很大，京东商城过去是两到四倍的增长，2009年还是要两到四倍的增长，这意味着京东商城额外增长的部分超过过去四五年的总和，都要在一年当中完成。这样的高增长对京东商城的售后、仓库、管理都是很大的挑战。

刘强东当时预测，2009年网上做3C类的电子商务网站会超过上千家，电子商务网站间竞争会非常激烈。至于京东商城未来的模样，在刘强东的心里已经浮现出清晰的模样，京东应该是一个大而全的电子商城，而不仅仅是一个卖数码产品的专业垂直电子商务站点。从3C产品到百货，最自然的切入点可能就是家用电器。刘强东开始要向中国最传统的零售行业发起挑战，这一次他面对的不是群龙无首、各自为政的中关村，而是财大气粗在中国拥有最强大渠道的电器卖场——国美和苏宁。

这件事绝对需要勇气，也只有在这个话题上，我听到刘强东说出了一些宏大又煽情的话，他说他能够给行业带来价值。"互联网的特性让我们可以承受相对稍高的进货价格，同时比传统渠道和零售商大大缩短的账期则给供货商很大的好处，这就是我们能给制造行业带来的价值——京东让他们有更多的钱赚，将来能够以更多的资金去投入创新和研发。"

那一年，我和刘强东有过一次对话。

作者：京东今年开始上大家电商品，直接叫板国美，你觉得有胜算吗？

刘强东：首先，电子产品并没有明确的界限，未来的产品发展，融合是大的趋势，比如现在液晶电视机是典型的家用电器，可是它还可以做显示器用，还有USB接口直接放电影，也可以做数码产品用。未来我觉得在电视机上打电话肯定可以实现。家电产品的电子商务前景，目前来讲我暂时还看不太清楚，但是我觉得在网上卖电器将来会有很大的市场份额，至少能超过20%，这已经足够了。能不能超过50%？有可能，不过还依赖于整个社会的发展。

所以我必须要先抢占位置，事实上，在讨论要不要上大家电的时候，我们的投资人都是明确反对的，但是我们还是坚持必须上。我们给投资者两个保证，第一是这条产品线不占公司一分钱的资金；第二是保证不亏钱。

作者：怎么可能不占公司的资金？你们也是先拿货拖供货商的货款？

刘强东：没有。我们账期很短，因为我们经营效益非常高。国美一百天账期，我们只要十几天、二十天的账期就足够了。不同的经营效率也意味着我们能给厂商带来巨大的价值，我不需要占用多少资金。

作者：供货商给你们的价格和国美是一样的吗？

刘强东：会比国美高一些，不过即便这样我的零售价格已经可以做到比国美、苏宁要低得多。这就是京东公司的价值，我们有很低的运营成本，我们并不需要压榨供应商，把他们压得苦哈哈的，净利润只有百分之零点几，让他们没有钱做研发，就是天天在这儿生产砖头，然后搬出去，一台电视机只能赚回来20块钱。

我们不需要这么做，这就是电子商务的价值。我们为什么对未来充满信心？因为我们坚信京东公司是有价值的，我们不需要压榨供货商很多利润，也不需要压榨供货商的账期。我们的客户也不需要支付很高的价格，因为我们成本很少很少，有较低的毛利率就可以实现很好的盈利。

当然，在这个时候，京东商城还没有盈利。对这个敏感的话题，刘强东说，如果需要盈利的话，我们只需要一个小时就可以盈利。他声称京东商城不赚钱是因为不亏钱，而不赚钱是为了通过为更多的消费者服务来创造出更大的价值。幸运的是，他的投资者们也没有那样急切地希望能很快看到京东的盈利。

进军图书市场

2010年，京东商城销售额突破了百亿，2009年京东的销售额是40亿元，一年之间它获得了超过100%的增长。然而，即便是京东，也有需要寻求新的增长点和面临进一步做大规模的压力。在这个全速奔跑的年代里，只要有规模、有增长，就有一切。

资金对于京东来说，至少在这一刻，应该不是一个问题。2010年初，京东就宣布完成了第三轮第一期的融资，老虎基金向京东商城投资1.5亿美元，并且第一期投资中的7 500万美元的资金很快就打到了京东的账户上。

为了做大规模，京东从传统的3C产品，扩大到家电，再到百货，最终进入了图书销售。刘强东对网络图书销售是鄙视的，至少在一段不短的时间里，他假装很看不上这个苦逼的行业。事实上，这个行业也的确只能用苦逼来形容。2009年，中国图书市场的整体规模也只有300亿元，网购图书市场的整体规模不到100亿元，2009年7月还曾经在媒体上出现过报道，京东单店的销售规模超过了网购图书市场的整体规模，当时京东的销售额是5.7亿元。2009年中国网购

一山不容二虎，不管在哪个行业，都不可能并存两个想做老大的主体

图书市场份额继续增长，幅度达到了96%。但是图书网购的毛利率仍然低得可怜，仅为22%，当当网在2009年才首次实现盈利，净利润率为1.2%。

2010年年初，已经占据3C和家电B2C行业头把交椅的刘强东表示，五年之内不会考虑涉足图书销售，因为这个行业的利润太低，低到不足以抵销经营的成本。听者当然会心一笑，有了单价更高的产品在手，谁会在乎图书销售那点可怜而微薄的利润？

事实证明，所有人都被刘强东忽悠了，在说那番话的同时，刘强东已经定下了要进军网络图书销售行业的战略，所谓这个行业利润太低不予考虑云云，不过是个巨大的烟雾弹而已。

11月1日，京东商城图书频道正式上线测试，并被置于全部商品分类的首位，其下才是手机数码、电脑办公商品等京东商城传统强势产品大分类。而这个时候，国内在线图书零售市场规模在100亿元左右，当当网、卓越网是销量最大的两家，其中当当网2010年图书的销售规模约在15亿～20亿元之间，卓越网图书的销售规模约在10亿元上下。

这令人疑惑，京东究竟是出于什么目的大举杀入这个战场？当然，很显然的一个好处是，增加图书频道，可以扩充品类、扩

大营收规模，图书巨量的SKU（库存量单位）数量对应的商品页面和关键词，对获取更多的搜索引擎流量和用户帮助巨大。同时，我们也可以理解京东此举是通过满足客户各种需求的方式，来吸引新用户注册，然后通过低价图书策略带来的巨量用户，会对关联销售起到明显的拉动作用。

更加阴谋论的观点则认为，京东商城涉足图书，是在当当网、卓越网等"对手的地盘打仗"。2010年11月，正是当当网紧锣密鼓准备上市的当口，京东商城斜刺里这一刀，的确让当当网有些难受，尽管这并不能影响当当网的IPO计划，但是这毕竟为未来的市场埋下一颗定时炸弹，成为一个很不稳定的因素。京东商城惯有价格屠夫的称号，而它闯入图书市场的时候，首先祭出的也是低价的大旗。

拒绝和任何投资人签订对赌协议

2010年12月24日，刘强东在采购签约发布会上透露，京东公司已经完成C轮融资，到账总额超过5亿美元。这是个令人兴奋的消息，更重要的是，刘强东宣布参与此次融资的投资机构涉及6家，投资方包括了俄罗斯投资者数字天空技术（DST）、老虎基金等6家基金和一些社会知名人士，其中DST投资了5亿美元，沃尔玛是其战略投资者之一。

这个消息显然会吸引公众极大的兴趣，沃尔玛成为京东商城的战略投资者，不仅对电商业，对零售业也会是产生巨大影响的一个事件。但戏剧性的是，5天后刘强东在自己的微博中否认了这一说法，"有件事情声明一下：目前有关京东融资的报道都是传言，包括沃尔玛的报道，正式消息要到年后公布。"

刘强东有点太心急了，京东商城的C轮融资投资者中确实有沃尔玛，但一直到刘强东发言的这一刻，双方在融资条件上还存在分歧，并未能完全达成一致。沃尔玛的想法是以占据绝对控股权的方式并购京东商城，而刘强东很显然不愿意失去控股权，在双方就这个关键问题上尚未达成一致的情况下，刘强东单方面向媒体透露沃尔玛将成为京东战略投资者的举动明显不妥。

沃尔玛中国方面紧急向媒体表示沃尔玛没有任何消息发布，也不对市场传言发表评论。而京东商城公关人员也被迫出来救火，表示现在公司对于融资还没有官方说法。之后，双方继续陷入艰苦而漫长的谈判，最终，这桩看起来很靠谱的投资告吹了。刘强东发布微博称，沃尔玛投资京东商城的谈判历时半年多，估值等全部谈妥，最终唯一无法达成的条款就是沃尔玛要求必须早晚能够控股京东商城，直到全盘收购，而京东商城的管理层和股东可以得到一大笔现金退出。对于这一条款，京东商城无法接受，最终没能达成交易。同时，刘强东表示，沃尔玛家族的退出对于京东商城第三轮融资的15亿美元并无影响，并表示"京东仍是绝对控股方"。对于京东商城来说，沃尔玛的退出只是一个小小的遗憾，这一笔15亿美元的融资，一举将京东商城的估值推高到100亿美元，这是一个令人疯狂的数字。

京东商城最早的投资人今日资本的徐新对媒体说，刘强东是被2008年的金融危机吓着了，所以趁现在能融资的时候就赶紧融资，这个时间点是最好的融资时刻。电商已经成为2011年最火爆的概念，所有人都急着冲进这个行业里来，而京东商城毫无疑问已经成为这个行业里的佼佼者。就像刘强东自己说的那样，只要想投电商的投资人，京东商城就是一个必投的选择。有趣的是，徐新这位最早的投资人并没有跟投，据她说是因为价格实在太贵了。

刘强东为这一大笔钱付出了什么代价呢？在融资完成的消息出来之后，很快业界就有传闻说，京东商城刚刚完成的第三轮融资代价非常大，被迫跟风险投资商（VC）签署了对赌协议。根据微博上有鼻子有眼的爆料说，风险投资人要求，京东商城2011年销售额必须要达到250亿元，2012年实现100%增长达到500亿元，2013年增长50%达到750亿元，否则刘强东和整个创业团队必须离开。

还有一种说法是，刘强东签署对赌协议是迫不得已的选择，因为京东商城在迅猛扩张的同时，资金链告急，融资迫在眉睫。不过，刘强东很快就出面否认了这个说法，他在微博上说："京东只有第一轮协议中签署了对赌条款，只用两年就赢得了五年对赌条款，之后再也没有签署。"刘强东还苦口婆心地以过来人的姿态建议创业者，一定要拒绝和任何投资人签订对赌协议，"这常会让你在短期对赌和公司长远发展中二选一，无论何种选择，都不会是好结果"。

但无论如何，这笔融资是京东商城再次提速的标志。自2004年上线以来，京东商城已经连续6年保持超过200%的增长，而当京东商城的估值达到100亿美元的时候，刘强东预计在2011年京东商城的销售额将达到240亿～260亿元，约为2010年销售额（102亿元）的两倍。而刘强东的中期目标是"在5年内年交易额超千亿元"。

全面开战

对于其他商业领域来说，6月18日没有什么特别的含义，因为这仅仅是京东商城的店庆日，也是京东年度最重要的促销日而已。2012年，刘强东比起以往用了加倍的力气筹备这项活动，他希望将这次活动办得更声势浩大，以捍卫京东电商老大的地位。

进入5月，京东便开始了前哨战，进行狂热的促销宣传，主题是"京东诺曼底，史上最强店庆月"，宣布让利10亿元给消费者，6月18日当天还将免费向消费者发放总价值高达6.18亿元的现金券。这让消费者们摩拳擦掌，充满了无限期待。

京东商城以打价格战著称，被外界戏称为"价格屠夫"，此次巨额让利更是京东成立以来最大规模的一次促销活动。只是让刘强东没想到的是，这次史无前例的促销竟然让电商之间的暗战一下子暴露在了阳光之下，变成了赤裸裸的肉搏。

6月初，刘强东发现几个主流电商开始纷纷宣称将进行大规模促销，矛头直指自己和京东商城。京东最强劲的对手苏宁易购总经理李斌6月12日下午四点发表了一条具有挑衅意味的微博说，"6·18"是电商行业狭路相逢的决战日，苏宁易购一定会给大家带来惊喜！紧接着四个小时后，李又通过微博透露，苏宁易购最受欢迎的全场图书0元购将在6月18日再次隆重登场，而这只是活动的开胃菜而已。苏宁易购摆明了要从京东生日当天抢一块大蛋糕。

面对对手的出招，刘强东丝毫不退让，强势地在微博上回应，"6·18"是大家集体的生日，京东一定会奉上最美的蛋糕。暗示他已经做好准备应战。

只是情况的演变有些出乎刘强东的意料。随后电商大佬们不约而同地结成联盟，围剿京东，大有欲除之而后快之势：苏宁易购公然喊出挑衅口号"东哥，你妈喊你回家了"；当当网则在活动页面标注"诺曼底底价最高再降1 300元"，直指京东；国美旗下库巴网更加直截了当地喊"狙击'6·18'"；淘宝天猫商城也向京东商城发起正面挑战，宣布打造"'6·18'狂欢节"，将送出4 000万元的现金红包。

　　一时间，京东商城成了众矢之的，这时候的刘强东显然不爽。京东此次史无前例的促销活动，是在为上市做准备，以达到高销售量和高入口流量数据，而苏宁易购、天猫等电商之所以对京东进行强力阻击，皆是为了阻止京东上市。一旦这些电商的阻击成功，影响的将不仅仅是京东的销售业绩，更会拖延京东上市。这怎么能让刘强东坐视不理。

　　6月18日在业界一些人的兴奋与一些人的不安中到来了。活动当天，京东推出了电脑数码产品史上最低折扣活动，有9元U盘、99元打印机、199元显示器、999元电脑等；针对服装城推出了"百款精选团购史上最低价"活动，更有6亿件服饰1.8折起促销；家用电器全场秒杀4.8折起；日用百货全场让利5 000万；图书音像巅峰48小时免费送10万张礼券等活动。这些促销商品一经上线，便引起了消费者的疯抢。

　　全力阻击京东的苏宁易购则在当日使出了杀手锏"超级0元购，买多少返多少"活动，即购买"0元购活动区域"内的商品，支付成功后，苏宁易购将返还同等金额的全场通用券。苏宁易购因此一度出现了由于用户太多造成网站负荷太重，阶段性打不开网页的情况。

京东另一个劲敌天猫商城，在618当天推出了重叠满返活动。也就是说，在6月18日当天，只要消费金额满足规定，消费者在参加累计满5 000返300，满8 000返600之外，还可以参加满3 000返200，满1 000返50活动。除此之外，天猫更有多款产品达到了全网最低价，甚至比其他网站低1 000多元。

战争进行得如火如荼，没有人敢懈怠，尤其是刘强东和李斌。战争打到中午的时候，坐立不安的刘强东在看到网友留言说找不到便宜货时，立刻在微博上提示大家，"大部分产品价格都是远远低于进货价，但是需要你去看清楚活动规则。"更拿了一个插座作为例证"比如这个插座，每卖一个赔20元，只有点击进去才能知道便宜。"李斌也在这时发微博大力做宣传"再说明一下，0元购所返全场通用券可购买网站内任意实物商品，等同于现金。"与刘向东死磕。

除苏宁易购和天猫以外，卓越亚马逊、当当网、库巴网也以力度强大的促销活动参战。"6·18"一役真是枪林弹雨，血流成河。

"6·18"大战中，京东商城遭到对手的重重围堵，不仅没能收到预期的成果，而且苏宁集团还披露融资几十亿来充实苏宁易购的网上销售渠道，这一切让刘强东倍感压力，觉得必须提前与苏宁一战。同时，或许是看到公众消费观念正在转变的必然趋势，继"6·18"遭遇战之后，刘强东在8月15日悍然出击，组建"打苏宁指挥部"，再次点燃战火！

有人觉得"8·15"大战来得有些突然，不过在刘强东眼中，这场战斗是必然要爆发的，京东与苏宁发展规模、实力相当，早晚会有一场恶战，与其等待苏宁国美联合起来对付京东，不如京东先发制人。一山不容二虎，不管在哪个行业，都不可能并存两个想做老大的主体，此时京东是新生力量，苏宁是占领山头多年的霸王，争夺霸主的战争不可避免。当然，二者之间的较量也不可能在短时间内分出胜负。

让我们把时针拨回到8月14日，重现当天的厮杀场景。

上午10点21分，刘强东的微博毫无征兆地发布了一条火药味十足的消息，京东大家电三年内零毛利，所有大家电保证比国美、苏宁便宜10%以上。20多分钟后，刘强东再发微博说，将招收五千名价格情报员进驻国美、苏宁，确保便宜10%的价格优势。

下午4点，苏宁应战，李斌在微博上信心十足地回应，苏宁易购的所有产品价格必然低于京东，否则两倍差价赔付，第二天9点整苏宁将启动史上最强力度的促销。

随后刘强东再发豪言，京东大家电将无底线便宜，只要苏宁敢卖1元，京东就一定是0元！他还发布了一张京东价格情报员的服装图片，称将在三周内做出五千套。晚上7点多，刘强东又发布了一条让消费者兴奋，让对手哭笑不得的信息，"一个股东说：'我们除了有钱什么都没有！你就放心打吧，往死里打！'"

晚上10点，国美参战，扬言从不回避价格战，全线商品将比京东便宜5%。

从微博上看，这三家电商似乎有势不两立、死磕到底的架势，声势之浩大与"6·18"相比有过之而无不及。

三家电商之间的战争，引来很多不甘寂寞的同行，很快演变成电商混战，当当网、易讯网、库巴网纷纷降价参战，唯恐天下不乱的一淘网，还推出了"观战红包"，"明天9点开始，来一淘看京东苏宁死磕，一场'基'情四射的对决即将上演，一淘将实时发布各大B2C价格数据报告和地板价商品，看谁最后输得没裤子穿！"连小米手机、360浏览器都在这场战争中插了一脚。

电商如此撕破脸皮的恶斗局面堪称壮观，久已未见。社会各界也纷纷围观，给予了最大的关注，消费者更是乐在其中，齐呼往死里打，坐收渔翁之利。

8月15日如期开战。上午9点整，刘强东通过微博提醒网友，不要着急下单，经过5~10轮价格调整，苏宁不降价了才是出手的最佳时机。随后他还上传了一张照片，照片上京东办公室的玻璃墙上赫然贴着六个大字"打苏宁指挥部"。看李斌没有任何反应，刘强东又连发了几条揶揄苏宁的信息，"晕啊！苏宁怎么打不开网页了？京东已经内部测试云计算很久了，价格战期间，我们可以免费让你们使用京东云计算资源！""还打不打了？苏宁的人，你们的服务器挂了，那就在微博说句话吧，别让大家空等……"从微博上看，刘强东显然占了上风。

这一天，外界也好生热闹，不仅是互联网与零售业，一些街头巷尾大伯大妈的议论话题也涉及这场战争，热心网友更是纷纷截图比价，图片通过微博疯传，一淘比价网成了网友比价最高效的工具。

苏宁易购这边，面对汹涌的点击，服务器几近崩溃瘫痪，甚至出现网页代码错误。面对刘强东的奚落，李斌自然很不爽，反击道：市场竞争不是逞口舌之能，用实际行动兑现才是王道，不能随意忽悠消费者。

晚上7点整，李斌发布了首日战报，自称开门红，"截止到18：00网站访客数比去年同期增长了近10倍，PV数增长了近12倍，整体销售规模同比增长10倍多，各项运营数值再创新纪录！"

这场你死我活的争斗在众人的期待和欢呼中爆发，却在消费者的一片喝倒彩声中狼狈结束，前后仅仅持续了一个星期。通过一淘比价网及网友们的比价发现，这场战争名不副实，很多商品并未让利太多，且有些商品要么没货，要么先提价再降价。

价格战之所以匆匆收场，也是因为这场争斗惊动了国家发改委。"8·15"之后，发改委派出三个小组分别对京东、苏宁、国美进行调查，结果证实三家电商存在价格欺诈。

在电商行业，这是国家监管部门第一次介入调查，意味着规范电商市场的开始。对三家电商来说，这次游戏吸引了众多眼球，但显然玩过了火，大大损害了自己的口碑和声誉，无论是诚信度还是服务，均大幅受损。

不过，从商业大趋势来看，这场以新老业态霸主为主的电商战争还是迟早要打的。企业战略专家姜汝祥就强调：从本质上看，这是两个时代的战争，是两种消费观念和方式的战争，京东是21世纪网络渠道的代表，主流消费者是80后、90后，苏宁是20世纪传统渠道的代表，60后、70后是其主流消费者，可以说这是代表历史转折的争斗。

"8·15"大战最后演变成一场闹剧，之后电商集体消停了很久，连国庆这样的传统促销节日，都没有什么大动作。因为与传统的消费黄金周相比，11月11日光棍节是一个更重要的促销节日。双十一这一天，电商们又爆发了一场血战。之后的每一年，

"6·18""双十一"都会爆发电商大战。

在轮番大战中，京东如愿以偿上市了。2014年5月22日，京东在纳斯达克挂牌上市，成为仅次于阿里巴巴、腾讯、百度的中国第四大互联网上市公司。2014年京东全年交易总额达2 602亿元，同比增长107%，净收入达到1 150亿元，继续保持高速、稳健的增长。

从中国互联网浪潮开始就在这片汪洋中扑腾，李国庆终于如他所愿成了先驱而没有成为先烈，11年来的苦心经营，如履薄冰，终于有了相当的回报。

李国庆：如愿成了先驱而没有成为先烈

文/陆新之

1969年，为了能在爆发核战争时保障通信联络，美国国防部高级研究计划署（ARPA）资助建立了世界上第一个分组交换试验网ARPANET，连接美国四个大学。ARPANET的建成和不断发展标志着计算机网络发展的新纪元。

没有人知道，从此这个世界与以往不同。

在互联网的道路上，中国跟得很紧，并不像这个古老国家的其他行业一样至今仍在坚持走自己的道路，任由他人评说。1994年3月，中国终于获准加入互联网，并在同年5月完成了全部联网工作。

20世纪90年代末，中国互联网开始了大发展。在这股热浪中，李国庆终于按捺不住了。

美国之行改变命运

李国庆是北京大学社会学系毕业的，之后在国务院政策研究中心工作。据他说当年工作的时候写过许多农村问题的调查报告，但是也曾经很不安分地想赚钱，拉着中心的一帮大经济学家们攒过书。书编得不错，作为主编的李国庆越干胆子越大，最后他编了一套《你我他丛书》，一共9册，首印10万套。在今天的图书行业，首印敢往10万这个数上想的，也不过寥寥数人，所以李国庆这套书毫无疑问地做砸了。"坑了出版社，还欠了近百万的印刷费和纸钱。"李国庆说。所以后来很长的时间，他都挣扎在卖书还债的苦恼中，最惨的时候，是他带着这套丛书去上海新华书店推销，对方要了一些货，签完合同李国庆出门一摸口袋，坏了，买完火车票就没钱了。从上海到北京长达17个小时的火车，他就忽悠卖盒饭的，用剩下的几本书换了两个盒饭扛过来了。

这样的经历竟然没有能够把李国庆吓住，1989年后他索性扔掉金饭碗，从国务院辞职出来下海了。

他是个性格爽快，讲话也有点大大咧咧的人，所以他的身上不太看得出知识分子的各色劲儿。李国庆离开国务院就是下海，不叫创业，主要业务是做出版，说难听一点就是靠攒书起家。不过在那个思想解放刚刚开始的时候，人们对知识、对思想是很渴求的，在互联网的道路上，中国跟得很紧，并不像这个古老国家的其他行业一样至今仍在坚持走自己的道路，任由他人评说。

所以李国庆赚了一点钱。再后来，他就决定要多元化经营，扩大产业，还为自己的公司起了一个非常宏大的名字"科文经贸"——科技、文化、经济、贸易无所不包。"还得加个总字，所以这个公司的名字就叫科文经贸总公司。"李国庆多年后提起这家小公司狂妄的名字，自己都忍不住笑。他旗下的公司业务五花八门，有做钢材的，有做煤炭的，最不靠谱的是还有一家出租车公司，最后因为实在收不上司机的份子钱而关门了事。

1996年，李国庆去了一趟美国，正是这趟旅行改变了他的命运。

首先，因缘际会，他认识了一个叫俞渝的女人。俞渝是重庆人，在北京长大，所以跟李国庆也算得上半个老乡。她是纽约州立大学的MBA，毕业后自己在华尔街闯荡多年，事业相当成功，曾经为索罗斯做过项目，经手的都是几千万上亿美元的大案子。5个月之后，俞渝嫁给了李国庆，这个出人意料的消息跌碎了许多朋友的眼镜，因为在他们眼里，这俩人基本上不像是一个世界的人。据李国庆回忆说，他们俩的第一次见面，俞渝就像一个老师，就如何吸引企业投资的问题侃侃而淡，向他传授了许多经验，而李国庆就像一个学生，认认真真地做着笔记，把要点一一记在纸上。这张纸，李国庆至今还保留着。俞渝在能力和学识上给李国庆留下了深刻印象，后来的事实也证明，俞渝在投资方面的人脉和经验，将会在事业上给李国庆带来极大的帮助。

另外一件事是，李国庆在美国接触到了互联网，看到了亚马逊网站。老本行就是做书的他对网上书店这个新鲜事物大感惊奇，试用了之后倍感惊喜。在那个时候，科文经贸总公司已经开始收缩战线，除了广告之外，主营业务就是出版，而多年的图书销售经验，让李国庆深深感觉到受制于渠道是一件多么憋屈的事。出版商手里有好书，读者等着看好书，但就是因为渠道不畅通，一方苦于卖不出去，另一方又苦于买不到。他发现新华书店的效率低下，常常造成图书积压，于是他就试图改造渠道。他曾经尝试过各种各样的卖书方法，包括自己开书店、做读者俱乐部和在报纸中缝打图书的广告等，可是都不能在根本上解决问题。直到那天，他登录了亚马逊网站，就感觉好像上帝突然把遮在他眼前的布扯开了，世界豁然开朗。

"办目录书只能是登几十本书，两张纸印着7、8本书，正反面印着20本书，这就到头了！可是网络不一样，在网上，可以登录无限的品种，这简直是太好了，又不占我的门店，就占一点库房资源。所以，我们当时就感觉这个网络太好了！"

所以，李国庆做一个以图书销售为主的电子商务网站，几乎就是命中注定的。他和俞渝在1996年定下了这个方向，却迟迟没有动手，因为他们都觉得，为时尚早。

1997年，IDG（Internationol Data Group，美国国际数据集团）成了李国庆的投资方。那一年，IDG、LCHG（卢森堡剑桥集团）和北京科贸经文总公司共同出资，成立了北京科文书业信息技术有限公司。值得注意的一点是，"经贸"两个字从公司的名字里去掉了，取而代之的是"书业"，而在后缀上，加上了时髦的"信息技术"。这说明李国庆已经把精力从他曾经尝试过的五花八门的经贸业务中收回来，专注在图书行业，而他的切口，选择在信息技术上。但是，请注意，不是互联网。当时他认定做互联网不是时候，他想做的是可供书目的数据库，而这一项目，得到了国家新闻出版署的大力支持。

李国庆带着北大图书馆系的学生，钻到各个出版社的仓库里调查数据，统计每个月出了多少新书、定价多少、还有多少库存，并一一制作成书目，他的最终目的是要做成一个完善的中文图书动态数据库。这个项目听起来和网上书店只有一步之遥，这难道不就是网上书店所需要的后台数据库吗？我们现在完全可以认为李国庆当年的做法就是兵马未动，粮草先行。不过当时的状况是，到1999年，数据库初步完成，靠卖信息，李国庆也能赚到钱。而互联网已经被先行者们炒得火热，门户网站已经轰轰烈烈地开始烧钱和竞争了，中国的网民人数已经跃升至600万，李国庆却还在犹豫，还觉得时候未到。他觉得，怎么也得等到中国有1000万人上网才行。

李国庆不急，可IDG急得不行了。

IDG是中国互联网行业发展最重要的推动力量之一，也是最大的获益者之一。这家成立于1960年，总部设于美国波士顿的全球最大的信息技术出版、研究和风险投资公司，在1980年进入中国并在北京创办《计算机周刊》之后，就与中国互联网的命运紧紧联系在一起。它与中方合资创办了几十种与IT、互联网相关的期刊，包括当时影响力很大的《计算机世界》和《IT经理世界》。它抓住了行业中的机会，当年风头最劲的互联网公司的投资者名单中，几乎都能看到IDG的身影，包括搜狐、金蝶、搜房、易趣、3721、百度在线、腾讯、携程、慧聪、亚信等。

1997年，IDG成了李国庆的科文书业的最大股东之后，一边做着数据库，一边催李国庆赶紧上马网上书店的事。而李国庆则固执地以"不是不办，时候未到"的理由一拖再拖。一直拖到1999年，IDG真急了，对李国庆说，再不做，将错过这个时机，以后再想做，只怕就要事倍功半了。

这时候，李国庆松了口风，却开始漫天要价。IDG原打算投资150万美元，却被李国庆一口拒绝。他的理由听起来有点有恃无恐，"我是个自己有生意的人，做出版做发行，事儿挺多的。就给150万美元，钱花完了，事儿没做起来怎么办？你IDG有的是钱，赔150万美元无所谓，可是我不能瞎耽误几年时间呀。所以，没有500万美元我不干。"

IDG把价码提到200万美元，说，先做着试试看，李国庆丝毫不为所动。最后的谈判结果是，IDG、卢森堡剑桥集团加上新加入的软银，一共投资800万美元。李国庆的网上书店项目终于要启动了。创始人当然就是李国庆和俞渝夫妇俩，李国庆自己说，他懂国内的图书市场，在这一行摸爬滚打十几年，从攒书开始做，这一行的每一个环节，他都门儿清。而俞渝在华尔街十几年，不管是语言还是思维方式，跟那群投资人都是一个模子里出来的，沟通完全无障碍，所以他俩的组合，绝对是最值得信赖的黄金组合。

1999年10月，www.dangdang.com开通了。毫无疑问，它是亚马逊的复制品，尽管后来俞渝不断重申，他们做了许多符合中国国情的创新。

冰火两重天

几十年前大跃进年代流行一句豪气冲天的壮语："人有多大胆，地有多大产。"在这种攀比心理之下，各行各业争相"放卫星"，出现了一亩地能产上万斤粮食这样的闹剧。2000年的互联网，离这样的疯狂也已经很近了。刚刚成立一两年的公司，几乎一无所有，只有一个看起来很美妙、理论上可以成立的商业模式，就可以成功上市，并且上市之后就会受到资本市场的追捧，股价如同坐上火箭一样飙升。在这种情况下，谁还在乎市场环境有没有成熟？谁还在乎企业的经营状况是否良好？风投都急红了眼，生怕晚一步就挤不进这个市场，赶不上这趟捞钱的东方快车。

风投们急着把钱扔到市场里面去，还急着让创始人们赶紧把钱花出去，把势造起来。李国庆后来回忆说，在拿到800万美元的投资之后，当当网做了一项计划，准备把新投入的资金主要用于改善客户服务、员工培训、配送系统和升级电子商务的IT基础设施。他们准备在北京建造一个10 000平方米的配送中心，增加国内40个城市的上门送货以及开通中国图书采购网，用B2B的方式建构起连接图书出版商和零售网站之间的桥梁。

这些计划很务实，也很立足长远。不过，李国庆还记得2000年春天某个周末的上午，他还在家里睡觉，IDG的副总裁周全就跑到他家楼下，一个电话把他和俞渝叫到楼下，非常急迫地问他，800万美元，怎么才花了这么点儿？

李国庆又讲了一遍他的计划，这些计划都很长远，不是一下子把钱都撒出去的花法，周全就急了，催着他们说："赶紧花。你们俩一看就是搞传统企业出身的。你看看其他公司做得多厉害，有的都赞助足球队了，有的都买了机场广告牌了。现在打开知名度最重要，你们赶紧把钱花出去，不然，以后想花都没有机会了。"

李国庆问他，钱要是花完了怎么办？

周全大手一挥：再融3 000万。

既然投资方都这么说了，那就干吧。李国庆和俞渝回去之后，就做了一个800万元的广告投放计划，在北京、上海和广州的公交车站做站牌广告。不过效果实在一般，或许这些广告能带来关注度，但是并没有能够带来李国庆所希望的流量和成交量，于是在花了400万元之后，这个计划被李国庆紧急叫停了。

这件事后来被李国庆无数次地翻出来说，并且他给自己下了一个判断："我觉得我特适合在冬天生存。"

在2000年的春天，能够抵抗住诱惑，能够捂住钱袋，并不是一件容易的事。李国庆说，他一开始就不想做先烈，当然，动手这么早，中国的电子商务行业还是一块处女地，所以他这个先驱是做定了，但是走得早并不一定活得长，他深深懂得这个道理。所以从一开始，他就尽量谨慎再谨慎。从他等待中国网民数量突破1 000万，就可以看出，他实际上是在等待这个市场的基础能培育得稍微厚一点点。后来迫于投资方的压力，当当网在网民数量几百万的时候上线了。这一次，在花钱的问题上，李国庆和IDG

> 中国的电子商务行业还是一块处女地，所以他这个先驱是做定了，但是走得早并不一定活得长。

爆发了一次争执。

李国庆叫停了广告投放计划，IDG很不满意，李国庆辩解说，我就是一在网上卖东西的，我要在网民中寻找我的客户，而不是去做把普通老百姓变成网民的事儿。这件事，是新浪和搜狐他们干的。

简单地说就是一句话：当当网不做培育市场的工作。

我不知道李国庆有没有说服IDG，因为很快，IDG就会被无情的现实说服了，市场的风向突然转变，烈火烹油一样的好日子戛然而止。

2000年4月，美国纳斯达克开始暴跌。互联网的第一个冬天，就这样突如其来。

这场冬天的破坏力之大，超乎想象。首先是原来抢着把钱往里砸的风投们要么没钱了，要么潮水一般地撤退了。在冬天到来之前融到资的人只能捂着钱袋将就着过日子，至于原先接下来的第几轮的几千万美元的融资计划，再也不会有人当真。其次是新生的互联网公司受到了前所未有的质疑。2000年单是美国就有200多家互联网公司倒闭。而社会上对这些时髦的、喧嚣一时的企业，产生了深深的怀疑：建立在纯粹虚无的所谓互联网上的企业，他们的存在到底是不是合理，是不是真的能改变世界？

原本因为亚马逊、雅虎等网络股在纳斯达克创造的"网络神话"激起了投资者的极大热情，但随着网络股迅速崩盘，投资者回到了现实中。人们对网络股开始重新评价，从极度的理想主义摇身变成极端的务实主义，不仅注重网络企业的商业模式，更重视其能否快速盈利。

智斗投资方

2003年10月28日，当当的员工、IDG的工作人员、所有IDG投资的中国公司的领导者，包括UT斯达康的总裁吴鹰、3721的周鸿祎等人，都收到了一封来自当当网李国庆的辞职信。

邮件是这么说的：

发件人：李国庆

发送时间：2003年10月28日21：36

收件人：当当管理人员

主题：我的感谢以及任期

各位同事：按我6月给董事会的请求，我在当当联合总裁的任期将于今年年底结束。

我很高兴在过去4年领导当当创造互联网的奇迹。当当——一个纯粹的网络销售能够发展壮大，能够持平，这些都是我们大家的骄傲！

我以和大家共事4年而自豪。

由于董事会2位股东在创业股权上对我的误导和无赖，我只好选择辞职。此时此刻，我心潮澎湃，最令我挂念的不是我已经获得的当当股权，而是跟随我一起战斗的同事！我的选择会令你们不安。但我可以负责地讲，欢迎大家加入我将创办的新的电子商务公司。

未来是勇于创业者的未来！

最后，让我感谢大家给我的支持！

李国庆

李国庆和投资方的矛盾出现在这一年6月份，李国庆为了增强自己对公司的掌控，提出一项股份奖励计划，希望将创业10年来公司增值的部分，分一半给管理团队作为奖励。而他的目的是能够加重创业团队在公司所占的股份比重，避免自己的股份被稀释，在董事会没有发言权。资本方，也就是IDG、软银等则表示不能接受，李国庆要价太高。而李国庆则抱怨投资方根本没有把创业团队当作合作者看待，只把他当作打工仔。

这个时候，李国庆已经产生了另外寻找资金入驻的想法，而俞渝也利用自己在华尔街的人脉，开始积极接触海外的资金。此时，被誉为"世界上最聪明的钱"的老虎基金出现了，这让李国庆顿时有了底气。他表示，如果IDG他们不同意他的建议，他将会在任期到期之后辞职，并且将创立一个叫作叮叮网的电子商务网站，而老虎基金也很给力地表示，如果李国庆要另立门户，他们不仅会把准备投向当当网的1 100万美元全部投入新公司，并且投资金额还会继续追加。

李国庆把戏演得更真了，他对股东说，当当网有一半的高层和中层会跟着李国庆去那个叫叮叮网的新公司。

股东们最后屈服了，如果真的冒出一个叮叮网，而当当网变成了一个空壳的话，他们的坚持还有什么意义吗？

最终，到2003年12月24日，俞渝、IDG、软银和卢森堡剑桥集团的代表在美国和老虎基金签署了合作文件。12月31日，俞渝和李国庆从美国回到北京，第一时间向业界宣布了这条消息。老虎基金投资1 100万美元，占当当网17.5%的股份，没有获得董事会席位，IDG、卢森堡剑桥和软银的股份有不同程度的稀释，同时均保留董事会席位。经过这一次融资，以李国庆为首的创业团队的股份不减反增，在这家被最新估值为6 000万美元的企业中占据了59.5%的股份，成为绝对控股方。

李国庆一方大获全胜。

卖，还是不卖

2003年8月，英国《经济学家》杂志以《当当网在中国成功复制亚马逊》为题做了一期报道，采访了俞渝，并且称当当网正在中国创造一个电子商务奇迹。这本杂志很快送到亚马逊CEO贝索斯的办公桌上，而贝索斯看完报道，就决定将原本计划2006年进入中国市场的时间，提前到2004年。

这是一个比较戏剧性的说法，不过为这个说法提供比较可信的注脚的一个细节是，2004年年初，就在当当网宣布接受老虎基金投资的同时，李国庆和俞渝在西雅图和贝索斯有一次秘密的会面，之后不久，亚马逊就派出了一个以负责战略投资的高级副总裁为首的五人代表团对当当网进行了回访。

两个月后，亚马逊提出了收购建议，希望能收购当当网70%～90%的股份，而他们给出的当当网的估值是1.5亿美元。

这边李国庆和俞渝在卖与不卖之间纠结。能被亚马逊收购，对于当时盈利前景还不明朗的当当网来说，是一个能让人松口气的选择。更不用说前期进来的股东们，无论是IDG、卢森堡剑桥还是刚刚在亚马逊有动作之前抢先下注的老虎基金，都会得到非常丰厚的回报。李国庆他们比较难以接受的是股份问题，觉得亚马逊要得太多，让人感觉就像是把亲生的孩子给卖了似的。而亚马逊则表示，价格好谈，股份问题大是大非，不能让步。双方陷入长时间的来回谈判过程。

而那边，亚马逊也不是一个专一的男主角，一面抛了个难题给李国庆，另一面又和卓越网眉来眼去。那个来回访当当网的五人代表团，在北京也同时去拜访了联想的董事长柳传志，而他们的目的正是联想投资控股的卓越网。事后回忆起那次亚马逊的"中国相亲"，李国庆和卓越创始人陈年的态度截然不同。李国庆后来用一种颇不在乎的语气对全中国的媒体说，当然不会卖，它就是给10亿也不会卖。因为亚马逊给的当当网的估值太低，完全低估了当当网的价值，这是他所不能接受的。

而陈年则回忆，卓越高层当时很紧张，甚至和亚马孙的代表团吃饭的时候都不敢多说话，"生怕说错了一句话，人家就不买我们了"。

不管怎么说，当当网和卓越网面对亚马逊的投资建议，做出了截然不同的选择，然后就走上了不同的道路。

轰轰烈烈的价格战

卓越有了亚马逊这个大靠山，底气十足，和当当打起了轰轰烈烈的价格战。

2004年6月份，当当网突然推出"比价系统"时，卓越网还沉浸在之前的"48小时抢购"的成功营销中洋洋得意，直到当当网的比价系统给当当带来了猛增的销售额之后，才匆忙应战。所谓比价系统，是通过互联网实时查询所有网上销售图书音像商品的信息。一旦发现有其他网站的商品价格比当当网价格还低，当当网将自动调低同类商品的价格，保持与竞争对手至少10%的价格优势。

这个手段非常直接，虽然10%的差价对于一本书来说，可能不到一块钱，但是这的确是一个极好的营销策略，尤其是当当网和卓越网无论在商品还是消费者上，都有显著的同质化的趋势，网上购物从这一家到那一家，也就是键盘上的敲击而已，因为细小的价格优势，当当网的销售就有了十分明显和直接的效果。卓越不能熟视无睹，立刻推出"冰爽到底"行动，每天10款产品，只卖1块钱。陈年还对李国庆隔空喊话，你能不能降到9毛钱？

李国庆毫不示弱，5天后在当当网首页上打出"打破冰点"的横幅，宣布1 000款产品都只卖1元钱。

此后这场价格战愈演愈烈，你买100送100，我就买100送150，你

40元免运费，我就30元免运费，整整一年的时间里，双方愈战愈勇，都没有停手的意思。

同时，这两家公司把战场扩大到二级城市，在此之前，他们的市场主要集中在经济发达的北京、上海和广东地区。而这一年，他们开始了对二级市场的争夺。电子商务到2004年，已经走过了5个年头，可是除了北京、上海这几个中心城市之外，其余的城市几乎还是一片等待培育的空白之地，仓储没有，全国性的物流业没有，要开拓这些市场，势必要投入巨资进行基础设施建设、大规模的媒体投放以及让利行动。当当网的计划是，原来的北京、上海、广州、深圳四个城市占据了65%的份额，2004年要扩大珠江三角洲、长江三角洲、省会城市、单列市的份额，扩大中国香港、台湾地区的业务比重，希望从6%调整到20%。而卓越网同样为开拓市场投入了巨资，仅武汉三镇就投入了500万元，不过这些钱花的是值得的，据卓越网称来自拓展区域的订单增长了10～100倍。

2006年，当当和卓越的价格战愈演愈烈。卓越被亚马逊收购之后，放弃高端精品路线转而复制亚马逊模式，与当当网一样实行"大而全"的销售策略。当当网的李国庆，用当时一部分业内人士的话说，实际上是被亚马逊收购卓越网这件事给刺激到了，他越发想证明，亚马逊看上的实际上是当当网，当当网才是中国B2C行业的老大，之所以没有卖，是因为他不愿意将公司出售。于是，双方似乎只有决一死战了，而决战的方式也很简单，就是价格战。但是在并不十分成熟的市场上，价格战完全打破了市场平衡，单纯的价格比拼给市场带来了繁荣，进一步培育了市场，越来越多的人因为价格的原因而加入到网购大军中来。当然，这两家公司付出了不小的代价，卓越网在2006年的亏损就达到9 000万元。

对于2007年的当当网来说，和卓越网的竞争仍然如火如荼。2007年6月，亚马逊总裁贝索斯首次访华。这位电子商务教父的到来，对于中国互联网界来说是件大事，对于已经被亚马逊收购三年的卓越网来说，经历了过去三年的转型阵痛和高层震荡，贝索斯的到来是一剂强心针，更是一次提振知名度和士气的大好机会。

李国庆是不会让老对手这样轻易就心想事成的，把事搅黄不太可能，但至少能给对方添添堵。贝索斯的行期定在6月4日，当当网则选择5月30日给贝索斯发了一份邮件，说卓越网从2006年1月起称自己是全球最大的中文网上书店，属于向用户和投资人披露不真实信息，有违作为上市公司亚马逊子公司的品牌形象，为此，当当网提出"请卓越网停止发布谎言"。

当当网认为，从第三方调查公司的数据来看，无论用户知名度还是规模，当当网才是当之无愧的全球最大中文网上书店。不过正如当当在邮件中提到的那样，卓越网号称自己是全球最大中文网上书店，是在2006年1月就开始了的，一年多的时间里当当网一直隐忍不发，偏偏选在贝索斯访华前夕发难，可谓司马昭之心路人皆知。

卓越网的回应是，自己从未向外界透露公司的具体数据，不知道当当网用以佐证的所谓数据都是从何而来，言下之意：当当网摆出的那些事实，可信度也实在值得商榷，所以，卓越网还会继续使用"全球最大中文网上书店"这个口号。

本来，李国庆的目的也就是要给对方添堵而已，到底谁最大这个问题根本不重要，不然他也不会过去一年多时间都根本不理会这件事。而添堵这件事儿，他倒是准备了一套组合拳。

在发了措辞严厉的指责对方说谎的英文信之后，当当网率先打开了价格战，各种免运费、返券、折上折的优惠措施一波接一波，卓越网也很给面子地随之跟进，从5月一直打到6月，双方你来我往，很是热闹了一番。

2007年6月4日，贝索斯抵达中国。同一天，在TOM、网易等门户网站上，点击新闻稿正文中的"亚马逊""卓越网""贝索斯"等字，网页上就会现出一个当当网的广告，上书"当当网，传统商场的3～7折，其他网站的7～9折"，点击这些广告，当然能链接到当当网去。很显然，当当网在当天向这些门户网站购买了这些关键字，至少在当时，这种行为在法律法规上属于没有违规的，于是当当网又给对方添了一场堵。

这还不算完，6月4日下午，贝索斯与中国媒体见面。同时，当当网召开了新闻发布会，李国庆和俞渝带领当当网的新管理团队亮相，与媒体见面。新管理团队的成员包括CTO戴修宪、市场副总裁陈腾华和负责物流的副总裁蒋泾。这三位高管，在某种意义上只能被称为新成员，因为他们加盟当当网的时间仅超过半年。

在这样的时间开一次这样的新闻发布会，目的无他，恶心卓越而已。而且，李国庆很高兴地在这次发布会上承认了这一点，当然，他的说法是："为了向贝索斯证明，当当网有能力保持中国B2C行业第一。"

他更向贝索斯隔空喊话说，卓越网被收购两年半，越搞越差，被当当网越拉越远，你应该考虑把卓越网卖掉啊，够便宜的话，我可以考虑啊。多便宜才够呢？李国庆说，2 000万美元吧。好吧，卓越网2006年一年就亏损了9 000万，所有媒体都说，贝索斯两年半都不来，这次终于来是因为坐不住了，要来救火了。李国庆隔岸观火，说了这一番摆明了要在报纸上博版面的话，纯粹就是想恶心贝索斯。不过，想到李国庆当年踏进电子商务的洪流，要在中国做一个网上书店，正是因为受到贝索斯的启发，如今的这场添堵战倒是很让人感叹。

相比当当网的这一番充满街头智慧的行为，卓越网的一切反应都是中规中矩，略显平淡。

终于盈利了

李国庆在2009年被问得最多的两个问题，一个是盈利，一个是上市。转眼间，当当网成立已经10年了。中国人是一个喜欢纪念周年的民族，9年、10年、12年这些数字总是被赋予特别的意义，尤其是当阿里巴巴十周年的庆典做得如此高调，人们就忍不住要问，同样是中国电子商务的先驱，同样走过了10个年头的当当网，为什么一没有盈利，二没有上市呢？

似乎，急的不是投资人，而是我们这些看客。

李国庆承认自己在企业发展的问题上是有些保守的。"当当网销售额到2003年达到一个亿的时候，我就跟董事会说我会盈利的，过一个亿我就会盈利。要我马上盈利，增速就只能达到60%；如果让我亏销售额的24%，我就能做到180%的增长；你让我赔50%，花一块买两块，销售额能达到400%的增长；还有更多的公司，做了3 000万销售额，花了6 000万，站在大街上拿鼓风机吹钱不就得了吗，一百块一卷，谁拣着都行。这就不叫生意了。我一直只敢亏12%，680万美元一直没赔完，一直用到今天，用到开始盈利。"

当当网也从来没有做过并购，李国庆说是因为不忍心，他笑称自己心不够黑，做不了那种明明人家企业值5 000万元却为了自己的利益压价到2 000万元的事儿，所以只能自己剥削自己的劳动力。

这或许是笑谈，不过当当网鲜见融资，收入神秘，保持夫妻店这种古老的企业管理模式，不紧不慢地发展，成了众人眼中的怪物。一直到2009年，李国庆终于宣布，当当网真的盈利了。

据当当网副总裁陈腾华透露，公司从2009年3月至今保持着每月盈利，在投资回报的曲线上已走过了拐点。根据当时的公开数据，当当网来自图书交易的收入约为24亿元，百货业务的增速已远超图书交易，达到了180%，百货业务的销售额占到了总销售额的20%。以此媒体推算出，当当网的总收入至少在30亿元以上。

奔向纳斯达克

当当网在11岁的时候，终于上市了。

当当网作为第二家赴美上市的B2C企业，感受到了很大的压力。当当网将其每股美国存托股票11美元至13美元上调到13美元至15美元，16美元发行价较最初发行价区间中点溢价33%，全面摊薄市值超过13亿美元。此次IPO当当网以每股16美元价格出售1 700万份美国存托凭证ADS，计划融资2.72亿美元。其计划将募集的资金用于扩张和促进运营，此外计划扩大产品门类，同时拓展物流能力，改进底层技术。

美国投资人热烈地追捧这家被称为"中国亚马逊"的网站，上市当天，开盘即报每股24.5美元，较发行价上涨53%；随后其股价继续震荡走高，至收盘报每股29.91美元，较发行价上涨86.94%；市值达23.3亿美元。当当网董事长俞渝和首席执行官李国庆敲响了纽交所当天的闭市钟声，这一刻，这两夫妻心中甘苦自知。

从中国互联网浪潮开始就在这片汪洋中扑腾，李国庆终于如他所愿成了先驱而没有成为先烈，11年来的苦心经营，如履薄冰，终于有了相当的回报。在互联网或者说电子商务这个疯狂的行业里，当当网的表现始终是不温不火的，在公司成立的前8年的时间里，一直维持着每年100%的增长，这个速度在传统行业算得上是火箭一般的速度，但是在电商行业却缺乏惊喜。

作为中国第一个在纳斯达克上市的电商，中国最老牌的电商，也是中国实力雄厚的电商之一，在后来的几年中，当当都是电商争霸赛中一个不能被忽视的角色。与卓越火拼，与京东叫板，炮轰淘宝网，虽然，在轮番的电商大战中，相比天猫、京东，当当的销售量表现平平，但其每一次出击和迎战都会给电商行业带来不小的冲击。

2014年前三季度当当网交易总额为37亿元，继续保持强劲增势，第三季度实现总营收20亿元，净利润2 450万元。

2014年10月，"当当网"更名"当当"，口号由"网上购物

'享'当当"改为"敢做敢'当当'"，并加大力度，向时尚电商转型。

我曾经问过李国庆，为什么当当网这么多年发展得稳扎稳打，找不出错来，可就是缺乏一次爆炸性的增长呢？李国庆避重就轻地回答说，他对这样的增长速度已经感到满意，他的意思或许是，在规模和风险之间，他找到了一个令他自己感觉安全的平衡点。

一个公司总要赚钱，不赚钱的公司没有存在的理由。

季琦：创业是一场战役

文/陆新之　邓　鹏

　　他是多家企业的创始人，先后把三家公司送入纳斯达克交易市场；他是人们眼中的"创业英雄"，还是投资者心目中的蓝筹创业者。他，就是季琦。

　　1966年，季琦出生于江苏省如东县一个农民家庭。季琦从小便不安分，期望有朝一日可以走出这片土地，到更广阔的天地中拼搏。那个年代，读书考大学是农家子弟改变命运最有效的手段。季琦不负众望，在1985年的高考中以全县第二名的成绩，从如东县中学考入上海交通大学工程力学系。

　　那年秋天，季琦乘坐的渡轮停靠在十六铺。他来到上海。从农村到县城，再到上海这个大都市，季琦的眼界逐渐开阔，然而书本中的世界比城市对他更有吸引力。他将绝大多数时间放在阅读上，在图书馆广泛涉猎人文社科等各个领域的知识，不经意间培养了人文底蕴。后来他回忆说："那一段学习生活，看的书籍，接受的西方思潮，给自己决策未来的事业、人生奠定了坚实的基础。"

更显著的变化发生在外在。在环境的潜移默化下，季琦从穿着"高帮雨鞋"的农家子弟摇身一变成为打电玩、关注数码产品、追捧苹果产品的城市青年。城市的商业气息终究浸入他的身心。

如果本科生活给季琦带来思想上的成熟，那么读研生涯则是他走向社会的开始，为他奠定了未来的方向。

1989年，季琦本科毕业，因为专业就业面窄，工作没有落实，只好回老家，托关系敲开了南通第二设计院的大门。上班前一天，季琦突然改变主意，认为自己通过考大学终于实现了走出农村的愿望，现在居然又回到原点，大学岂不是白念了？几番思量，季琦认为关键在于专业。高考时听从某个老师的建议，懵懂地填报了工程力学，进入大学才知道这个专业相当冷门，并非老师说的给包工头算土方的，到最后就业都成了问题。为了获得留在城市的机会，季琦决定进一步深造，他回学校报考了机械工程系机器人专业研究生，最终被成功录取。

上海交大机器人专业是一个实力雄厚的知名专业，是培养科学精英的好地方。当时，有许多人认为季琦毕业后无疑会去科研单位奉献一生。然而，季琦骨子里的不安分很快表现出来。

大学校园是许多创业者开始追逐梦想的"温床"。比尔·盖茨辍学开创微软，马克·扎克伯格在校园局域网上搭建Facebook的雏形……大学不单是象牙塔，俨然变成一个实现自我价值的舞台。

1992年，邓小平南方讲话释放了中国人的经商热情。在全民经商的社会氛围中，季琦也不甘寂寞，决定在商海中初试牛刀。季琦很快发现一个供需市场：新生入学时需要购买大量日用品和书籍，而毕业生刚好有许多物品需要处理，于是便做起收购生意，从毕业生那里低价收购二手货，利用暑假的时间修整一新，趁开学之际出售给大学新生，赚取差价。其中利润最大的是调光台灯。台灯构造简单，容易打理，稍加清理就焕然一新。作为生活用品，其需求旺盛。

季琦第一次尝到了赚钱的乐趣，后来干脆入伙同学的电脑公司，为别人组装电脑、组建网络。因为需求量巨大，生意火爆，季琦一下子变成了同学中的"有钱人"。季琦出手大方，经常请同学下馆子，还时髦地别了一台BP机。毕业时，他手中已有几万块钱。关于这一时期的创业，他在自传《一辈子的事业：我的创业非传奇》中写道："只是为了改善生活，没有远大的梦想。"

改变不了环境，就离开它

临近毕业，一心想进外企的季琦放弃了留校机会。广州宝洁来招聘，3 000元的月薪颇有诱惑力，季琦表现出色，从几百名面试者中脱颖而出，但因不愿将户口迁往广东，最终与这份工作失之交臂。

这时的季琦并没什么远大理想，现实问题无非是工作和饭碗。他希望留在上海发展。最迫切的愿望是找一家可以接受户口的单

> 人们常常以为职场和商场险恶多端，只有足够聪明才能吃得开，然而，很多时候纯真本性更加有效。

位，因此当上海老牌国企长江计算机集团旗下计算机服务公司前来招聘时，他果断应聘并顺利签约。但季琦并不打算本分地待在体制内，只是想过渡一下，落户后辞职走人。他甚至拍着上司的肩膀，坦言自己干不长，过几个月后就会辞职。

季琦快人快语，若碰见一个严厉的上司，结果可想而知。幸运的是，他碰见的是胡亦邦。此人是一个态度温和、宽宏大量的管理者，他非但一点不生气，还和蔼地劝告季琦"做人先做事"之类的道理。这些话，季琦当时并不能完全听进去，但事后想来，也有一定的道理。季琦在随后的工作中发现，自己积累太少，而在公司还可以学到许多东西，于是暂时放下了离职念头。

当时长江计算机集团推行改革，要求下属分公司自负盈亏。上海计算机服务公司有许多员工跳槽走了，只剩下一些技术人员和销售人员，总共不到20号人，大家都开始为未来担忧。一次开会，所有人都闷声不响，季琦大胆提议：不必与其他公司竞争卖电脑，不妨做一些大项目。

胡亦邦当即任命季琦为销售部项目经理，其实就是一个光杆司令。季琦整日骑着自行车寻找客户，每每扫兴而归。一天，他骑车经过上海证券交易所，发现非常火爆，突然联想到证券交易需要大量的电脑，所有的证券公司进场交易，都必须经过上交所核准。因此如果能拿下上交所的电脑采购，出于系统配套、程序稳定等原因，也就容易敲开其他证券公司的大门。

抱着试试看的心态，季琦去上交所推销电脑，结果被拒之门外。他四下打听，找到一位在上交所任职的校友，终于拿下上交所的电脑订单。随后，果然如其所料，开始有证券公司主动上门采购。

季琦将全副精力都放在工作上，业务越做越大，逐渐体会到做人与做事的不同。人们常常以为职场和商场险恶多端，只有足够聪明才能吃得开，然而，许多时候纯真本性更加有效。

实际工作中，季琦身上那种特有的"纯朴憨厚"感染了许多人。虽有傲气，但季琦并不是清高之人。他有一副热心肠，总是喜欢为别人排忧解难。同事电脑出现问题，他总会像朋友一样去帮忙。因此逐渐交了很多朋友，都乐意介绍业务给他。在他的努力下，公司赢得了交通银行总行、甲骨文公司等大批优质客户资源。他也从普通员工成长为市场部和销售部的经理，他和助理两人包办了公司80%的营业额，他自己一年创造的利润则达到了几百万元。

大学时，季琦最大的梦想就是"在学校附近拥有一套房子"。工作后，这个梦想很快实现了，单位分给他一套1室1厅的房子。然而，这时候，季琦又有了新的追求，他开始希望拥有自己的事业。

两年中，季琦的能力有目共睹。他顺利地成了公司第二把手，但公司里的上升空间有限，已不能满足他开拓进取的雄心。同时，国企冗余的行政体制、低下的工作效率和欠缺的激励制度让季琦无法充分地施展拳脚。人们常说，"当你改变不了环境时，要么适应它，要么离开它"，季琦选择了后者。

1994年，他以探望留学的妻子为由辞职，带着1万美元前往美国，去寻找事业的新起点。

他人的生活透射自己的未来

季琦很快发现，自己的学历在美国根本不算什么，区区1万美金更做不成什么。学历、资金、人脉尚在其次，关键在于他没有明确的方向，创业只能从长计议，直到一次偶然的经历。

1994年9月17日，星期六，季琦记忆中一个永难磨灭的日子。这天，他到甲骨文公司总部拜访一位多年不见的老同学。见面之后，两人互叙别情，同学向季琦介绍风头正盛的雅虎网，告诉他可以在上面搜到任何资料。季琦随口说出达·芬奇名画《蒙娜丽莎》。一杯咖啡的时间，《蒙娜丽莎》便从电脑屏幕上渐次显现。季琦有点不敢相信眼前所见，直呼："这东西太神奇了！"

兴奋感很快变成成千上万种莫名其妙的想法，在季琦头脑中四处冲撞。他盯着电脑屏幕发呆许久，理不清头绪，只是隐约觉得"互联网一定能改变人们的生活方式，也能改变现在的商业模式"。

互联网在季琦心中扎下了根，但他一时间并没有明确方向。他原本对外企颇为神往，打算找一份与专业相关的工作，但看到同学在甲骨文公司的境遇，他改变了这个念头。"我要在这里，和他们差不多，而且终点也很明了。那么，这条路对我来讲就没有什么意义了。"

于是，创业的想法又冒了出来。

1995年，在美国过完新年，季琦回国寻找思路。抵达上海不久后的一天，季琦接到一个电话，对方是北京中化英华智能系统有限公司总经理，是季琦以前在上海计算机服务公司的客户，刚好来上海出差，邀他见面。得知季琦的处境，对方邀请他加盟。当时国内正兴起智能大厦建设热潮，写字楼综合布线系统市场巨大，该公司在这方面享有盛名。季琦于是很快便答应下来。

季琦的头衔是华东区总经理。他拿着总公司给的10万元启动资金，招聘人马，开展业务。

1995年12月，北京中化英华智能系统有限公司上海分公司成立。季琦招聘了10多名业务员，亲自培训，将他们培养为销售精英。此后两年，这支队伍为公司拉来3 000多万元的订单。

正当季琦准备扩大规模的时候，从北京传来一个重磅消息：作为中化公司和英华公司的合资型公司，中化英华将被卖给中化公司。闻听此事，季琦大惊，他不愿看到自己辛苦创办的上海分公司就此改名换姓，于是四处找资本，希望有人愿意收购中化英华。但是，中化公司坚决不卖。

季琦第一次见识到资本的力量，无奈之下，他只好带领团队离职。1997年9月，他创办了自己的第一家公司：上海协成科技有限责任公司，专门从事写字楼智能系统，与老东家成了竞争者。在徐家汇华仑大厦综合布线招标中，协成公司击败中化英华，成功中标，从这个项目上赚了30万元。

之前在上海计算机服务公司认识的客户听说季琦创业，纷纷前来捧场，给他带来不少业务量。到1997年年底，不过4个月时间，公司账面盈利已达100多万元。此后两年，季琦将业务拓展至系统集成、软件开发等方面。一次，在给甲骨文中国做ERP咨询分包时，季琦结识了甲骨文中国区技术总监梁建章。梁建章与季琦意气相投，言谈甚欢，两人很快成了好朋友。

协成公司发展迅猛，1年为季琦个人带来了一两百万元的收入，但他并不满足。他开始希望建立一家上市企业，"实现财务上的完全自由，吃个面条、打个车再也不用考虑是否划算的问题"。这时候，潜藏在心底的互联网创业热情悄悄探出头角，季琦开始有意识地寻找新机会。

找到伙伴，一起上路

1999年，春节过后不久，季琦在徐家汇一家酒家安排饭局，邀请梁建章与交大校友沈南鹏、范敏等人聚会。席间，四人天南海北地闲谈，最后话题落到互联网经济上。梁建章提议："最近互联网很火，不如我们也做一个网站吧。"这句话再次勾起季琦对互联网的热情，他立马说："好哇！"

做什么网站呢？他们列举了许多门类，从门户网站、招聘网站到电子商务，几乎涵盖当时能想到的所有类型，然后逐个评价，剔除不合适或不具市场潜力的，最后只剩下旅游网站。

大家一致认为，"旅游网既符合整体经济的发展水平，又与老百姓的生活息息相关，还容易实现电子商务。"于是，四人决定

"一起在中国做一个向大众提供旅游服务的电子商务网站"。

就在刚刚过去的1998年，中国国内旅游收入达到2 391亿人民币，国际旅游外汇收入达126亿美元，中国正在向全球最大的旅游市场迈进。然而，与此形成鲜明对比的是，国内旅游市场开发不利，旅行社生意每况愈下。季琦发现，国内旅行社在服务、管理、收费等方面不尽如人意，仅占整个旅游市场的5%，其余95%的份额都是散客，这让他看到旅游网站的机会所在。

创业过程中，人的因素很重要。任何项目都需要专业的人员去管理和执行，否则再好的项目也只能是中看不中用的空中楼阁。对于此次创业，强有力的团队是他们的信心保证。

四人中，季琦与范敏、沈南鹏均是上海交大毕业。范敏和他一样，在上海交大完成本科和硕士课程，毕业后进入上海新亚集团，后来跳槽到海伦宾馆，从实习生一步步做到总经理的位置。

沈南鹏和复旦毕业的梁建章则是另一个路数。沈南鹏本科毕业后到哥伦比亚大学数学系深造，一年后转入耶鲁大学读MBA，毕业后进入华尔街，先后在花旗银行、雷曼兄弟和德意志摩根建富任职。梁建章的专业是计算机，15岁便考入复旦大学计算机本科少年班，后来到乔治亚理工学院攻读计算机硕士学位，21岁便成为美国管理会计协会和美国生产制造协会的注册会员。1997年，梁建章加入甲骨文公司，同年回国，负责中国区域的技术业务。

不难发现，四人都是各自领域的精英，各自的专长与旅游网站的创业主题契合，并相得益彰。当时担任德意志银行亚太区总裁的沈南鹏谙熟资本运作；季琦对商业尤其敏感，擅长市场营销；范敏在旅游系统从业十年，有丰富的本土人脉资源和管理经验；而梁建章则是互联网高手。

对于创业成员的各自特长，四人心知肚明。生平喜欢打比方的范敏曾在媒体上做过一番形象的比喻："我们要盖楼，季琦有激情，能疏通关系，他就是去拿批文、搞来土地的人；沈南鹏精于融资，他是去找钱的人；梁建章懂IT，能发掘业务模式，他就去打桩，定出整体框架；而我来自旅游业，善于搅拌水泥和黄沙，制成混凝土去填充这个框架。楼就是这样造出来的。"

1999年5月，四人投资100万元，共同创建携程旅行网。沈南鹏投资最多，担任董事长兼首席财务官，梁建章任首席执行官，季琦为总裁，执行副总裁是范敏。当时整个公司只有30多号人马，为了节省开支，他们在徐家汇教堂南侧的气象大楼和季琦的协成公司共用一个办公场所。以此为起点，这个四人创业团队在之后的8年打造了两家纳斯达克上市公司。

创业不是一个人的战斗

公司虽然建立，但距离正常运营还有很长的路要走，所以，真正的创业才刚刚开始。

虽然在日后被称作"携程四君子"，但是他们付出的创业精力并不对等。四人当中，沈南鹏、梁建章和范敏都是企业高管，有自己的本职工作，只有季琦自己当老板。风险与成本是每一个创业者不得不考虑的事情，四人也不例外，关键是他们能够理性分析，并进行合理分工。

> 任何项目都需要专业的人员去管理和执行，否则再好的项目也只能是中看不中用的空中楼阁。

创业初期，为了追求效率，核心人物必不可少，他并不一定要做到面面俱到，但必定是能够带领团队迅速打开局面的那个人。携程创业四人组中，只有季琦有创业经验，在上海地界人脉广泛。综合比较，他是支撑大局的最佳人选。有一次，梁建章对他说："要不你先把公司做起来？"季琦说："好啊！反正我本来就在'海'里，没有什么可失去的。"

于是，季琦成了携程的创业主角，亲自负责市场调研、员工培训、网站搭建等一切大大小小的事务。而梁建章、沈南鹏和范敏则在工作之余参与创业，更像在辅佐季琦创业。现在看来，这样的安排虽有现实因素，却恰恰让携程避免了各种纷争，从一开始就有一条清晰的发展主线。

对季琦而言，创业是一场战役，并非一个人的战斗。尽管条件艰苦，他却信心十足，携程虽然一穷二白，但比起协成科技初创时的艰难，已有很大进步。多年创业，季琦懂得了人才是创业的根本。如果有一支富有战斗力的团队，便可攻克重重难关。他每次出差回来，都会给公司每个人带礼物，一包香烟、一盒巧克力，东西虽小，情谊不小，就这样凝聚起团队的力量。

作为创业主角，季琦果然不负众望。最终搭建起公司框架，让携程从一个茶余饭后的计划变成活生生的现实。在携程拿到第二笔风险投资之后，梁建章等三人辞去原单位工作，全身心地参与创业。

在外人看来，其他三人似有不劳而获之嫌，但实际上，无论当时还是以后，包括季琦在内的四人，均对此坦然处之。后来，四人职务发生种种变化，却并未影响他们间的关系。携程壮大之后，四人再次联手创办如家，并成功登陆纳斯达克，四人由此被誉为中国创业"第一团队"。

创业只是发自改变现状的渴求，抛开成功的光环和外界的赞誉，四人并未料到日后种种结果。实际上，他们只是根据当时的现实条件，选择最合适、最高效的合作方式，只为将公司办成功。

然而，如同所有创业者一样，他们很快遭遇了最现实的一道难题：前期启动资金告罄了。

救命钱得来不易

众所周知，互联网是一个烧钱的行业，选择在这个行业创业，意味着巨额的投入，并且面临许多变数。

20世纪末，网络热潮席卷中国。一夜之间冒出众多IT公司，但是真正生存、发展、壮大起来的少之又少。大多数公司在资金用完后，并未找到盈利点，于是纷纷破产。携程恰恰成立于互联网泡沫破裂前，却无比幸运地躲过了这轮致命的危机，这其中多半是季琦的功劳。

季琦在多年后曾对记者说："汽车刚刚启动时，烧的汽油很多。"但是1999年的他没有想到，"烧油"的速度竟如此之快。携程于5月成立，6月启动业务，不到两月，100万元投资便要花光了。

在公司账上最后一笔资金用出去之前，季琦等四人必须找到投资，否则前期付出就将打水漂。

四个创始人中，沈南鹏是投行出身，当时是德意志摩根建富中国区负责投资的董事。但他并没有向外界想象的那样，为携程带来丰沛的资本。沈南鹏后来解释说："有媒体说我以前做投行，所以融资比较容易，其实根本不是，哪有那么容易？一些投资银行看不上小企业生意。"

结果，还是季琦出马，利用之前打下的关系，从著名的风投公司IDG拉来50万美元。

季琦1997年准备收购中化英华时，曾找过IDG的投资人章苏阳，并成功说服对方出资助自己一臂之力，虽然后来此事不了了之，但章苏阳因此与季琦有了接触。后来，IDG投资的一家综合布线公司经理卷钱开溜，公司群龙无首，章苏阳邀请季琦过去代为管理，将局面稳定了下来。

1999年夏末的一天，季琦拨通章苏阳的电话，约他见面。章苏阳是一个低调理性的投资人，见面后寒暄一番便直奔主题。季琦介绍完携程的处境，章苏阳并没有立即答复，而是要回去考虑一下。当时国内热门的三大门户网站吸引了众多投资者的目光，相比之下，旅游网站尚属先例，没人知道携程这条路能不能走得通。章苏阳一直没有回复，季琦有些着急了。

几个星期后，季琦终于接到章苏阳的电话，邀请他们四个人一起过去，和IDG的人"见一见面"。

到了约定的地点，IDG技术投资基金的周全等人已虚位以待。周全开门见山地问："我想了解一下，你们创办携程的目的是什么？"季琦毫不保留地说："我们觉得互联网是一个很好的平台，它可以让个人的能力得到更好的发挥，利用互联网的力量可以让自己的产品方便更多的顾客。"周全又问："10年后，如果携程做大，创业团队准备干什么？"在场的四人全被这个问题问懵了。坦白地说，他们谁都没想过这么长远的事情，只是觉得"互联网能做大"。

接下来，IDG方面又问了许多莫名其妙的问题，第一次会面就这样结束了。大约过了半个月，季琦得到一个好消息：IDG答应投资了，出资50万美元，获得携程20%的股份。不难算出，携程估值达到250万美元，超过2 000万人民币。对于一个创立才数月的公司来说，这难能可贵，四人自然求之不得。季琦后来回忆说，"当时我们觉得很划算，大家非常兴奋。"而IDG投资的原因，一是"他们这个团队确实是技能互补型的"，二是"目前互联网这么热，互联网公司是我们的主投行业，先投入一点。如果这个团队都没戏的话，那其他创业团队更不用说了"。

1999年10月，IDG投资的50万美元资金到账。10月28日，携程旅行网正式上线。

烧钱容易，找钱难

季琦当时并不知道，当日在场的一名来自IDG总部的技术专家的以下顾虑："他们的远期目标不是很明确，对旅游和网络这两者的结合不是很清晰。"随后，这一点被不幸言中了。

或许是三大门户太过红火，以至于门户概念深入人心。携程网也将自身定位为旅游门户网站，在《微型计算机》周刊上打出广告：

携程旅游网（Ctrip. com）是专门为旅游者、旅行团体及旅游相关行业提供在线旅游服务、旅游产品介绍的旅游门户。它涵盖了全国各地的自然景观和人文景观，以及具有吸引力的旅游热线，包括旅行社、酒店、餐饮、购物、交通等综合信息，提供网上预订（订票、订房、订团、订餐等）。推出旅游新闻、热点推荐、社区论坛、俱乐部等全方位的客户服务内容。进入www. ctrip. com就如同进入了动态的多媒体中国旅游大全。

在接受记者采访时，季琦明确表示，携程旅游网的定位就是旅游资讯加上旅游电子商务。季琦满怀雄心壮志，向记者描述了携程未来的广阔前景：采用全方位立体型的经营方式，与各综合或专业旅游网站、旅行社、酒店、宾馆及各种服务于旅游的行业展开广泛的合作交流……可以在网上提供包括吃、住、行、游、购、娱六个方面的全方位产品。网民可以直接选择预订1 000余家宾馆的客房、800多条旅游线路和30多家旅行社的服务，还可在网上直接预订机票。

随后的几个月，携程全面出击。积极涉足景点门票销售、飞机票和宾馆预订等多方面业务，甚至与旅行社合作卖过旅行线路，结果都不尽如人意，上述业务无一成功。季琦很快发现这是一个"吃钱"的行业，50万美元实在做不了什么，为了获得更多资金，他带队去香港"路演"。

"路演"虽然无疾而终，却在无形中提升了携程的知名度，风投领域开始知道这样一家公司。

季琦记得章苏阳说过，"先投一点，如果发展好的话，再追加资金。"这时，他想到再去找章苏阳。他没有得到期望的结果。IDG奉行的是保守的"广种薄收"投资策略，对每个看好的公司都投一些，但金额均不大。对于携程，第一笔投资的效果还未显现，此时再投资显然并不明智。

不过，章苏阳并没有袖手旁观，他把季琦引荐给软银业务代表石明春。一番长谈后，石明春决定投资，并雷厉风行地落实投资方案。在软银影响下，IDG也加入进来，各方共同投资450万美元，共取得携程近30%的股份。资金到位后，梁建章、范敏和沈南鹏辞职全力创业。

IDG何以在不到半年的时间内连续注资携程？实际上，打动这家行事谨慎的风投基金的正是这个团队。用章苏阳的话说，"他们四人有点像一个机构。四个人有各自不同的背景，大齿轮小齿轮之间咬合得非常好。对于抱着第一是投人，第二是投人，第三还是投人的理念的风险投资家来说，这个团队成员的背景很有吸引力，足够支撑他们将要操作的公司。"

"不赚钱的公司没有存在的理由"

进入2000年，中国被互联网热潮感染了。尽管盈利模式依旧模糊，但大量资金流入这个新兴行业。

几乎所有的互联网公司都在跑马圈地，忙着做广告、树山头。在那时，人们对盈利模式尚漠不关心，更多的精力放在流量、点击率方面。因为漂亮的数据可以从投资方那里拉来更多资金，没有人在意用这些钱开发什么业务，只是陷入投放广告的循环。于是，泡沫开始逐渐膨胀。

携程也不可避免地陷入这种集体性疯狂。季琦后来说："一个集市里全是吵闹的声音。你不叫，别人就会盖过你。"为了不被别人"盖过"，携程在机场投放广告，还和民航总局合作举办空姐大赛，各种推广费用烧掉了一两千万，花钱如流水的感觉并不踏实。季琦和梁建章共同的想法是："一个公司总要赚钱，不赚钱的公司没有存在的理由。"但问题是，做什么赚钱呢？

经过一番对比、尝试和摸索，季琦发现酒店预订是一个颇具发展前景的方向。由于信息不够透明，供需双方严重失衡，酒店存在大量空置房间，而顾客也在为找不到满意的宾馆而苦恼。这时，若网络上出现一个提供供求信息的平台，岂非两全其美？携程决定做这个平台。

在季琦开拓酒店预订市场的广阔前景时，国内已经出现了此方面的先行者。其中北京一家名叫现代运通的旅游服务公司最早开展订房服务，经过几年耕耘，取得了不俗的成绩。当时，它已是全国最大的酒店分销商，并建立起800呼叫中心，可以提供全国100多个城市700多家酒店的预订服务。

仅次于现代运通的是北京商之行信息科技有限公司，其创始人吴海曾在机票预订领域耕耘多年，后来窥见酒店预订市场的商机，便带领团队辞职创业，很快便在酒店预订市场站定脚跟。

相比之下，携程就相形见绌了，它在1999年年底才开始开发在线预订系统，业务开展得磕磕绊绊，没有酒店听说过这家新公司，只能靠推销员上门推销。季琦说："今天携程给酒店送一个客人，一个月后能给他送五个客人，三个月送100个客人。通过不断挖掘公司的潜力来开发客户，就是在这么艰难的条件下做起来的。"经过3个月，携程与全国上千家酒店建立了合作关系。

业务虽然得到拓展，业绩却未好转。携程的模式是，通过与酒店合作，利用互联网平台预订房间，从每笔交易中收取一定的中间费。但由于四个创始人缺乏此类业务的经验，对订房的理解偏离了市场，以至于携程月交易额达1 000万人民币，收入仅为100万元，支出高达200万元，每月亏损100万元。必须找到酒店订房方面的专业人才，季琦想到了收购。

随后，季琦向商之行与现代运通抛出了橄榄枝，这两家公司管理层正在发生变动。商之行发展到瓶颈期，为了融资，创始人吴海将大额股份卖给所罗门兄弟公司，其实已经萌生了去意。现代运通也面临巨大转折，适逢国家整顿军方企业，拥有军队背景的现代运通被勒令出售。

经过几轮沟通、谈判，2000年3月初，吴海带领商之行心腹团队加盟携程，担任市场推广主管和高级副总裁。凭借此前建立的关系，吴海为携程建起一支销售队伍，订房量大幅提升。7个月后，携程与现代运通达成协议，以现金加股权的方式整体收购现代运通。

且看携程怎样赚钱

2000年11月，全球领先的私人股权投资公司凯雷向携程投资800万美元，获得30%的股份。与此同时，IDG、软银等第二轮投资方追加1 200万美元投资。一夜之间，携程募集到2 000万美元。季琦踌躇满志地说："有这么多钱，怎么能做不成公司呢？况且我们这些人又不傻。"

2001年，携程进入高速发展时期。在一批专业人士的协助下，携程迅速发展为国内最大的客房分销商。2000年4月，携程扭亏为盈，月毛利达300万元。与此同时，为适应未来的市场需要，增设飞机订票业务，员工增长到400人，公司更名为"携程旅行服务公司"。

万里长征走完第一步，携程的未来在哪里？季琦等人找到一条坦途：通过专业化团队打造高标准、系统化、高质量的服务，以此吸引顾客，不断扩张市场份额，以形成规模优势和增加谈判筹码。

至于盈利模式，用梁建章的话说就是"吃差价"。当然，这取决于携程的议价能力。

酒店订房市场，携程已是领头羊。如果将机票预订与客房预订连通起来，必将获得更大的竞争力。2002年4月，携程以现金加股权的方式收购北京海岸机票代理公司，获得了机票代理资格，与北京呼叫中心和各大航空公司开展合作。当年5月，携程开通全国机票预订系统。

从此以后，携程在酒店预订与机票预订市场高歌猛进，这两项业务也成为携程最大的利润来源。2003年，携程全年营业额达到1.73亿人民币，净利润5 381万元，比上一年度增长约4 000万元。

2003年12月初，携程正式登陆纳斯达克，开盘价每股24.01美元，在美国投资者的热烈追捧下，当日报收33.94美元，较发行价上涨88.56%，创下美国股市3年来首日最佳IPO。

2014年，携程市值达近60亿美元，占有在线旅行服务市场超过50%的市场份额，成为中国最大的在线旅游公司。

携程登陆美股市场后，处于聚光灯下的季琦并没有像多数创业者那样志得意满。在互联网行业取得成功后，他又开始不安分起来，相继创办了如家连锁酒店和汉庭连锁酒店，并相继成功将这两家企业送上纳斯达克。

他喜欢将中国比作一座金矿，对于创业者来说，这是难得的机会，靠有竞争力的产品去满足市场需求，不愁没有出路。

撰稿人

吴比，职业投资人，业余财经作家，已出版《奔腾入海》《四海皆商机》《革命与生意》等书。

郭亮，温州管理科学研究院研究员。曾供职于央视网、《人民日报》深圳记者站。现供职于国家某大型企业战略规划部门。曾为紫光集团、金融街等国内多家知名企业进行战略研究与活动策划，并在众多财经杂志上发表文章数十篇。目前已出版《俞敏洪传奇》《昌运复星——郭广昌的中国式商业故事》《微博能给我们带来什么》。

十二叔，财经专家，文史作家，出版的作品有《圈子·段子Ⅲ：港澳富豪那些事儿》《圈子·段子外传：好汉们崛起的秘密》《圈子·段子之民国陈光甫：一个领先时代的银行家》等多部著作。

陆新之，商业观察家，亨通堂文化传播机构的创办人之一，德丰基金合伙人，北京华育助学基金会理事。他长期致力于研究中国商业环境的转变和解读企业案例。他的新作有《电子商务创世纪》《只有一个王石》与《做马云的下一个对手》。他曾出版有《王石管理日志》《王石是怎样炼成的》《巨商是怎样练成的》《总裁论道》《解读郎咸平》《有钱好好用》《中国式企业联盟》和《理解今日中国的财经文本》等书。其作品长期在财经图书领域有稳定销售量。他还是多个主流媒体栏目——包括中央电视台财经频道、中央人民广播电台经济之声、中国国际广播电台环球资讯广播、北京电视台财经频道、湖南卫视、内蒙古卫视、贵州卫视、山东卫视、腾讯网与中国经济网的嘉宾。他还参与了网络财经剧"拆弹专家"系列的创作，并主演了第四集"股市秘笈"。

邓鹏，社会学硕士、高级品牌管理师。曾供职于某国际知名研究咨询公司，协助麦当劳、联想等品牌开展市场推广研究。曾为新浪网、爱国者等多家大型企业成功操作过品牌战略推广项目。现主要从事企业品牌发展、公益组织商业化运营等研究工作。出版有《一个人的游戏：朱骏》《昌运复星——郭广昌的中国式商界传奇》《商界兄弟连：刘永好四兄弟的创业故事》《向格力学营销》等著作。

图书在版编目(CIP)数据

沉重与狂飙/ 陆新之主编. —成都:西南财经大学出版社,2015.8
(常读. 人物志)
ISBN 978 - 7 - 5504 - 1926 - 1

I. ①沉… Ⅱ. ①陆… Ⅲ. ①人物—列传—世界 Ⅳ. ①K811

中国版本图书馆 CIP 数据核字(2015)第 106899 号

沉重与狂飙

CHENZHONG YU KUANGBIAO

陆新之 主编

图书策划:亨通堂文化
责任编辑:冯梅
助理编辑:周晓琬
特约编辑:朱莹
封面设计:墨创文化
责任印制:封俊川

出版发行	西南财经大学出版社(四川省成都市光华村街55号)
网 址	http://www.bookcj.com
电子邮件	bookcj@foxmail.com
邮政编码	610074
电 话	028 - 87353785 87352368
照 排	四川胜翔数码印务设计有限公司
印 刷	郫县犀浦印刷厂
成品尺寸	140mm×200mm
印 张	7.25
字 数	150 千字
版 次	2015 年 8 月第 1 版
印 次	2015 年 8 月第 1 次印刷
书 号	ISBN 978 - 7 - 5504 - 1926 - 1
定 价	30.00 元